DER KAPLAN

W. Bettina Unger

DER KAPLAN

Das Leben des Gregor Schneid

Dokumente – Interviews – Erinnerungen – Umfeld

wek-Verlag
Treuchtlingen–Berlin

Die Akademie der Bildenden Künste in Nürnberg wurde in den Katastrophenjahren des Zweiten Weltkrieges ab 1943 ins Schloss Ellingen ausgelagert. Drei Jahre später wurde Wunibald Puchner auf den Lehrstuhl der Innenarchitektur dorthin berufen, kurz nachdem auch Kaplan Schneid in die zerstörte Barockstadt gekommen war.
Nach Jahren des Aufbauens verließen beide 1954 Ellingen. Nach guten Jahren gemeinsamen Wirkens und vielen freundschaftlichen Begegnungen gingen sie verschiedene Wege. Immer wieder – auch sehr viel später – kam die Erinnerung an Kaplan Schneid zur Sprache. Wer ihn einmal getroffen hat, vergisst ihn nie wieder. Darüber waren sich Baronin Aretin, die in jenen Jahren Fürstin von Ellingen gewesen war, und Professor Puchner bei jedem ihrer Treffen einig.
W. Bettina Unger, vierzehn Jahre Professor Puchner bis zu seinem Tod in Gewissensehe verbunden, hat Kaplan Schneid nie gekannt, war aber so fasziniert von den farbigen Kaplan-Erzählungen der beiden, dass sie ihnen versprechen musste, alles Erfahrene und Hinterfragte schriftlich festzuhalten, sollten sie einmal nicht mehr sein.
Beide sind kurz hintereinander, 2008 und 2009, im gleichen 93. Lebensjahr verstorben.
Mit diesem Büchlein löst W. Bettina Unger ihr Versprechen ein.

Titelbild und Bild auf der Rückseite von Professor Wunibald Puchner.

Bibliografische Information der Deutschen Nationalbibliothek

Die Deutsche Nationalbibliothek verzeichnet diese Publikation in der Deutschen Nationalbibliografie; detaillierte bibliografische Daten sind im Internet über http://dnb.d-nb.de abrufbar.

Fotos: Keller
Druck: SDL Berlin
Printed in Germany

ISBN 978-3-934145-77-1

Inhalt

DIE ELLINGER JAHRE 1945–1954

In der Eiseskälte einer Februarnacht 1945

Er kniete unter vollem Mond im Schutt der zerbombten Kirche und versuchte zu beten. Die Eiseskälte dieser Februarnacht zerbrach an der Hitze, die von den Steinen kam, die noch vor zwei Tagen gebrannt hatten. Steine haben gebrannt, Kunstwerke, Bilder, zerschmetterte Skulpturen ... und Menschen.
Beim Aufstehen reißt er sich den Saum seiner Soutane herunter. Dieses Schleißen ... das Knistern in versteckten Glutnestern ... der Geruch nach geröstetem Fleisch ... der Wind, der sich plötzlich verstärkt, neue Feuerlohen hochjagt und das Leichentuch aus Schnee zum Schmelzen bringt.
Schneid stolpert. Fällt nach vorne, bleibt liegen zwischen den Resten einer Betbank und zerschrottetem Metall. Zwischen Bombensplittern liegt er. Er hat sich die Hände zerschunden an ihnen.
So hatte er schon einmal gelegen. Mit vorgestreckten Händen, das Gesicht zwischen den Armen, die Stirne auf den Boden gepresst. Vor Gott hatte er so gelegen.

Die Fürstin von Ellingen

23. Februar 1945. Sie hatte am Fenster gestanden. Die Fürstin von Ellingen. Vor zwei Tagen. Sie hatte die Flieger gesehen und wie die Bomben aus ihnen fielen. Einfach so. Atemlos war sie vom Nachhauselaufen gewesen, die Kinder könnten sich fürchten bei all diesem Lärm. Sie hatte bei einem Bauern um Eier gebeten und dort die Bomber gehört, die über den kleinen Ort hinweg ihre Donnerbahnen zogen, um den Nachbarstädten Treuchtlingen und Weißenburg Tod und Zerstörung zu bringen. Und viele andere hatten die Bomber gehört, aber in die Schutzkeller war niemand gegangen. Durch die Nähe der großen Stadt Nürnberg war man längst an Alarm gewöhnt.
Sie hatte an einem der vielen Fenster des Schlosses gestanden, als die Flieger zurückkamen und sie hatte die Bomben aus ihnen fallen sehen. Mit angehaltenem Atem hatte sie da gestanden, in einer Ewigkeit von Nichts und Stille. Und dann in einem entsetzlichen

Kreischen und Pfeifen kamen ihr die Fenster und die Türe entgegen. Der Luftdruck presste sie gegen die Wand. Die Kinder...
In einer erstickenden Wolke aus Dreck, Staub, Glassplitter hastete sie durchs Schloss. Fand die drei, presste sie an sich, tastete sie instinktiv nach Verletzungen ab, flüsterte beruhigende Worte, hastet weiter, nun die Kinder mit sich zerrend. Sie suchte ihre achtzigjährige Schwiegermutter, die alte Fürstin Wrede. Im 1. Stock fand sie sie, mit Glasscherben übersät. Kaum verletzt, völlig ruhig, ganz Haltung. „Sie war eine unglaubliche Frau!", sollte die Fürstin später von ihr sagen. „Auch von Kaplan Schneid wurde sie ungeheuer verehrt, weil sie so eine eindrucksvolle Persönlichkeit war."
Alle Fenster des Schlosses waren geborsten, die Türen waren sämtlich durch den Luftdruck aus ihren Rahmen gesprengt, die Kronleuchter teilweise zerschlagen, die prachtvollen Empire-Möbel, die kostbaren französischen klassizistischen Tapeten von Staubwolken wie mit Schimmel überzogen, der Nordostflügel schwer beschädigt. Aber das Dach hatte gehalten, das Schloss war von keiner Bombe getroffen worden.
24 amerikanische Flugzeuge hatten 285 Sprengkörper auf die kleine Stadt der Fürstin geworfen – weil der Himmel über Plauen bedeckt war!
Doch über Ellingen lag an diesem kalten Tag Sonne, eine laue helle Vorfrühlingssonne. Gegen Mittag malte ein Erkundungsflugzeug eine riesige Acht gegen den azurblauen Himmel und markierte damit das Zielgebiet für die anfliegenden Bomber. Kurz darauf brach das Inferno über die kleine barocke Deutschordensstadt herein.
12.20 Uhr: Von Osten kommen 24 Flugzeuge auf die Stadt zu, donnernd. Alles geht rasend schnell, unbegreiflich schnell. Überall schlagen Bomben ein, der Luftdruck dieser Explosionen bringt die Glocken der St.-Georgs-Kirche zum Läuten und die Lungen der Menschen in unmittelbarer Nähe zum Platzen.
Gespenstisches Sterbegeläut für 94 Menschen – nach all dem Bersten und all der Zerstörung, nach all dem Zerfetzen, Zerkrachen. Krepieren.
Jahre danach noch sollten sie an jedem 23. Februar um 12 Uhr 26 geläutet werden. In memoriam...
Um 12.35 Uhr ist alles vorbei. Nur das Sterben nicht. Aus den Ruinen kreischen Hilfeschreie, aus den Staubwolken tasten sich vom Entsetzen vorübergehend Blindgewordene und röcheln nach Luft. Dann rufen sie nach ihren Angehörigen, dann suchen sie in

heller Panik, dann finden sie die Toten oder sie finden lebend Verschüttete. Und dann graben sie nach ihnen. Mit bloßen Händen zuerst. Oder sie lauschen auf leises Wimmern, auf Klopfzeichen. Noch Tage später wird man unter Balken, Möbeln, Türen eingeklemmte Menschen finden. Lebend, aber in Agonie. Oder noch lebend und mit letztem Willen kristallscharf von Verstand.
Oder Tote. Auch Bürgermeister Franz Grüll ist dabei. Vater des späteren Bürgermeisters gleichen Namens.
Beim Spital hat man ein Notlazarett aufgemacht und die Verletzten und die Sterbenden auf Stroh gelegt. Auf Stroh! Im Februar. Dann kommt der Hunger. Und dann fangen englische Tiefflieger an, auf Menschen Jagd zu machen wie Greifvögel auf Mäuse.
Sturzflug ... Anflug ... Schüsse. Schüsse, man konnte sie nicht zählen ... Wenden in großer Schleife ... Anflug aus der Gegenrichtung ... Schüsse ... und so weiter!
Allmählich verzieht sich der Gestank nach den Kadavern der Tiere, die unter den Trümmern ihrer Ställe liegen und verwesen. Allmählich räumt man das Geröll, die Balken, die zerstörten landwirtschaftlichen Fahrzeuge von den Straßen und kehrt schmale Pfade in den Schutt. Allmählich weinen die Menschen nur noch, wenn sie allein sind.
Alle helfen einander. Auch Kaplan Schneid hilft. Er geht nicht wieder ganz nach Spalt zurück, wo er seit 1938 auch die Hagsbronner Filiale als Kooperator betreut hatte. Er spürt, dass seine Kraft hier gebraucht wird. Er verspricht sich, beim Aufbauen zu helfen, besonders beim Aufbauen der St.-Georgs-Kirche, koste es von dieser Kraft, was es wolle. Den Bombensplitter jener Februarnacht, an dem er sich die Hand zerrissen hat, legt er neben sein Brevier.
Im Sommer 1945 wird er offiziell nach Ellingen versetzt. Da hatte die Fürstin schon vom Tod ihres Mannes erfahren. Er war in den allerletzten Tagen dieses mörderischen Krieges in Luckenwalde bei Berlin gefallen. Sechsundvierzig Jahre alt war er geworden. Im Juli 1939 hatte er sie geheiratet, die junge Reichsgräfin Schaffgotsch. Später wird sie sagen:
„Ja 1939. Am 1. September fing der Krieg an. Und dann war er weg. Ein paar Mal nur auf kurzem Urlaub hier. Zum Glück drei Kinder. Zum Glück! Als er gefallen war, war ich untröstlich.!“
Und Kaplan Schneid wird zu ihr sagen: „Wenn es Sie tröstet, Durchlaucht, werde ich nach Luckenwalde fahren und das Forsthaus suchen, in dessen Nähe er gestorben ist.“

Er wird es finden, er wird ihr Erde von seinem Grab mitbringen. Zum Trost. Die Geste wird sie trösten ... nur die Geste. Auch die von Kardinal Graf Preysing, der ihr Ringe und Brusttasche des toten Mannes zurückbringt. Der Förster, der die drei gefallenen Soldaten gefunden hatte, hatte sie aufbewahrt und zurückgegeben.
Sommer 1945. Seit Monaten war der Krieg zu Ende, die amerikanische Besatzung hatte stattgefunden, die Menschen wagten, ganz zaghaft, bereits wieder froh zu werden.

EIN MANN hieß GREGOR SCHNEID

Wally Wallenberger – sein Kamerad

Das Schicksal stellt Kaplan Schneid einen Menschen zur Seite, mit dem man nur gewinnen kann: Wally Wallenberger.
„Ich bin verschwägert mit ihm," erzählt sie später, „mein Bruder hat seine Schwester geheiratet. Als Kind war ich auch öfters in Eitensheim, wo er geboren ist. 1910. Sein Vater war der dortige Bahnhofsvorsteher. In den Ferien war ich dort, drei, vier Wochen lang, da ist er auch ab und an heimgekommen."
Nach seiner Versetzung von Pleinfeld nach Ellingen lebte Kaplan Schneid im Ellinger Spital. Plötzlich erkrankte seine Haushälterin Johanna, und er wandte sich an seine Schwester Pepperl um Rat. Sie fragte Wally Wallenberger.
Die gutmütige Antwort: „Für ein paar Tag ... Freilich! Das kann ich schon machen." Aus den paar Tagen werden – mit einer ganz kurzen Unterbrechung – zweiundzwanzig Jahre. Sie wird sein Kamerad. Er wird mehr für sie.
Später wird die Fürstin sagen: „Sie war der richtige Hintergrund für ihn. Der Partner, bei dem man sich zuhause fühlt." Wally Wallenberger war siebenundzwanzig Jahre alt, als sie nach Ellingen zu ihm kam. Gregor Schneid fünfunddreißig.
Sie brauchen ein Haus, ein Zentrum für sich und die vielen Freunde, die sich langsam um sie scharen.

Wunibald Puchner und das Kaplanhaus

Als die von Nürnberg ins Ellinger Schloss ausgelagerte Akademie der Bildenden Künste sich wieder mit Schülern und Professoren füllt, beginnt für den Kaplan eine frohe Zeit. Zeit der Anregung für seine vielen künstlerischen Begabungen.
Sie brauchen ein Haus, und Professor Wunibald Puchner entwirft es. Er und Schneid schauen sich zusammen die Pläne des Professors für Innenarchitektur an.
„Sie wissen, meine Klasse hat den 1. Preis beim Wettbewerb ‚Platzbebauung mit Brunnen neben der St.-Georgs-Kirche – Kolpinghaus und Kaplanhaus' gewonnen. Ausgerechnet wir vom Innenausbau haben den Preis bekommen. Nicht Sepp Ruf, der Professor für Hochbau. Wir haben uns halt auf die Ellinger eingestimmt, haben das Kaplanhaus fränkisch geplant, uns genau nach den Giebeln der Ellinger Häuser gerichtet."
Schneid nickt.
Puchner bittet um einen Stuhl. Langes Stehen bringt ihm Schmerzen. Er hat sein linkes Bein im Krieg verloren. Mit 28 Jahren.
Er legt beim Sitzen sein versteiftes rechtes Bein sorgfältig über seinen Gehstock und betrachtet Schneid von unten.
Schneid ist lange mit dem Betrachten der Pläne beschäftigt.
„Für wen ist das?", fragt der Kaplan plötzlich und deutet auf den Plan, der den Ausbau des Giebels zeigt.
„Ein Kammerl für die Haushälterin. Sie soll doch auch ein Zimmer und ihren eigenen Bereich haben."
„Nein!", sagt Schneid. „Unsozial. Sie soll wie ich unten ein Zimmer haben."
„Einverstanden", sagt Puchner, „Jetzt zum Innenausbau. Hier in Ihrem Arbeitszimmer zwischen den Bücherregalen schlage ich Ihnen eine gemalte Kreuzigungsgruppe vor. Der Malerprofessor Willhelm hilft uns sicherlich."
„Nein."
„Oder eine fast lebensgroße Madonna. Schorer wird sie schnitzen. Der Bildhauerprofessor Schorer."
„Nein", sagt Gregor Schneid. Er legt sich eine Hand auf den Nacken, mit der anderen stützt er sich auf die Tischplatte ab und schaut dem fast Gleichaltrigen in die Augen.
„Für den Gruppenraum für Ihre Vereine hat meine Klasse Ihnen einen hohen runden Keramikofen entworfen – mit einem Ohrenbackensessel davor, mit Blumen drauf." Der Professor lacht.
„Nein."

„Und für Ihren Schlafraum haben wir uns...“
„Nein ... bitte!“ Schneid, größer als der andere, legt ihm beruhigend die Hand auf die Schulter.
„Ich möchte eine Zelle. Ein Feldbett als Liegestatt, einen einfach gezimmerten Schrank. Und ein Kreuz.“
„Sie wollen wie ein Mönch leben ?“
„Ich bin ein Mönch. Ich möchte alles ganz einfach. Ganz einfach.“
Puchner nickt.
„Morgen nach der Messe sag ich den Bauern, ich hab ein Anliegen. Ich brauch Holz und ich brauch ein Fuhrwerk.“
Sie haben ihm alles zur Verfügung gestellt, das Holz, die Fuhrwerke und vieles mehr.
In Feierabendarbeit wurde das Kaplanhaus gebaut. Dachdecker, Zimmerer, Maurer – alle haben dem Kaplan geholfen. So wie er es ihnen vorgelebt hatte, so haben sie es ihm nachgetan.
Und viel gelacht wurde dabei.

Er schenkte den Menschen Zeit

Schneid war ein freundlicher Mann. Er hat gerne Spaß gehabt beim Arbeiten. Jeder Einzelne, der ihm dabei geholfen hat, hat geglaubt, er sei sein Freund. Und er hat sich damit nicht geirrt.
Wally Wallenberger erinnerte sich: „Er war so gut zu allen. Und für alle hat er sich Zeit genommen. Wenn Bettelleute gekommen sind, die hat er nicht einfach abserviert. ‚Kommts rein’ hat er gesagt. Die hat er reinkommen lassen, und dann hat er sich Zeit für sie genommen, auch wenn er keine hatte.“
Er schenkt ihnen, wovon er am wenigsten hat: Zeit. Er ist ein Hirte, ein echter Seelsorger.
Und Zeit hat er ja nie. Er weiß es noch nicht, aber viel Zeit wird ihm tatsächlich nicht bleiben.
Da ist die St.-Georgs-Kirche wieder aufzubauen, das Kaplanhaus zu errichten, Messen sind zu lesen, Beichten zu hören, Kinder zu taufen, Predigten zu halten, die Ministranten sind zu unterrichten. Den Sorgen der Menschen will er zuhören. Manchem wird eine warme Hand auf den Rücken gelegt, manchem Kind ein Apfel geschenkt oder ein Heiligenbild. Manchem wortlos zugezwinkert. Manchem ein Grüß Gott über die Straße zugerufen.
Alle danken es ihm.

Er sammelt Naturalien bei den Bauern und fährt mit ihnen per Eisenbahn nach Nürnberg, am Abend. Die Waggons sind zerstört, die Fenster mit alten Kartonplatten verklebt, zur Beleuchtung zündet jeder Fahrgast einen mitgebrachten Kerzenstummel an. Es zieht aus allen Ritzen, die kleinen Flammen blaken oder verlöschen. Tage später tuckert er dann mit dem Schmidleinschen Holzvergaserbulldog in die große zerbombte Stadt und holt Kupfer. Kupfer, das er für die Naturalien getauscht hat. Kupfer, um damit den Turm von St. Georg einzudecken.
Dabei trägt er immer den legendären „blauen Overall". Noch den von der Wehrmacht. Er trägt ihn, wenn er Schutt wegräumt, wenn er hilft, den Turm einzudecken, wenn der Innenraum der Kirche saniert wird. Beim Bau des Kaplanhauses. Er trägt ihn sogar unter seinem Gewand, mit dem er gerade die Messe liest, um nur ja keine Zeit mit Umziehen zu verlieren.
„Aber Herr Kaplan, das können Sie doch nicht machen", sagt die Fürstin zu ihm, als sie das entdeckt.
„Durchlaucht, ich muss ja gleich wieder aufs Dach zu den Arbeitern hinauf."
Er bringt ihnen etwas zur Belohnung mit: Zigarren. Wo um Himmels Willen hat er in dieser Zeit Zigarren her? Getauscht. Sein Organisationstalent hält alles in Schwung.
Zügig muss alles gehen. Auch wenn er nachts um 11 Uhr noch zu seinem Freund, dem Zimmerer Haberkern, kommt, muss jeglicher Wunsch sofort erfüllt werden. Sofort!
„Aber Herr Kaplan, das können Sie doch nicht machen." Den Satz wird die Fürstin noch oft zu ihm sagen, und er wird jedes Mal nur leicht lächeln und den Kopf neigen, ohne sie dabei aus den Augen zu lassen. Doch, das kann er, das muss er.
Es fügt sich alles. Es fügt sich alles einer höheren Vernunft, um die sich zu mühen immer lohnt.
Und er müht sich, ohne jemals aufzugeben. Er müht sich um Arbeit wie um Freude. Freude ist ihm wichtig. Ob beim Theaterspielen, ob bei den Faschingsbällen in der Akademie drüben, ob beim Verreisen.

Die Hochzeitsreise nach Rom

1953 kauft sich Hans Haberkern einen Opel.
„Was hat deine Resi dazu gesagt?", fragt Kaplan Schneid, als ihm natürlich als erstem die Neuanschaffung gezeigt wird. „Die hat erst die Händ übern Kopf zammgschlogn, aber dann..."
„Weißt was, erzähl mir's unterwegs."
„Unterwegs?"
„Wir fahrn nach Rom."
„Wir?"
„Dein Vetter, der Morgott Rudi, will seine Hochzeitsreise nach Rom machen. Du hast auch noch keine gemacht, und ich komm mit. Wir machen eine Hochzeitsreise zu fünft. Mit deinem neuen Opel."
Über vierzehn Tage sind sie unterwegs. Mit dem neuen Opel Olympia, der vorne eine durchgehende Sitzbank hat und Handschaltung. Ein Wehrmachtszelt haben sie dabei, ein Viermannzelt, in das sie alles hineingepackt haben an Kissen, Nachthemden, Decken und Geschirr.
Schneid sitzt hinten mit der Resi Haberkern zusammen, und vorne zwängen sich die beiden Schlanken, das Hochzeitspaar Pepperl und Rudi Morgott neben den Fahrer, der die ganze Strecke allein bewältigen muss, denn außer ihm hat noch keiner den Führerschein.
„Pack mers...", sagt Hans Haberkern, schaut in den Rückspiegel, sucht die Augen seiner Resi, startet. Es ist ein maienlinder Tag, obwohl der April erst zur Hälfte vergangen ist. Kurz nach München klopft Resi bereits die ersten hart gekochten Eier auf. Die Thermosflasche macht die Runde. Man lacht ... man ist unterwegs.
Als sie am Abend am Gardasee ankommen, ist nur einer wirklich müde, der Fahrer.
„Wir schlogn jetzt unser Zelt auf, Gregor. Du bleibst im Auto. Dir machen mers hier gemütlich."
Haberkern und Morgott schrauben die Vorderbank aus dem Auto und möblieren damit ihr Zelt, dann lockern sie die zwei Flügelschrauben der hinteren Bank, ziehen sie nach vorne und kippen die Lehne in die Horizontale, bis eine breite Liegefläche für den Kaplan entsteht.
„Also schlof gut..."
Gregor Schneid versucht, seine knapp zwei Meter unterzubringen.
„Ums Eck rum", schlägt Hans Haberkern vor und lacht recht schlawinerisch.

Gregor Schneid weiß, warum er hier im Auto bleiben soll. Allein. Er hat Verständnis. Aber er hat auch die Gewitterwolken am Himmel entdeckt. In einigen Stunden wird es donnern und blitzen und regnen. Dann wird's vorbei sein mit seiner Einsamkeit. Und so kommt es dann auch.
So gegen vier Uhr früh stürmen vier Nasse den Opel. „Ruck amol, des Wasser is zu uns ins Zelt neigloffen, bis alles tropft hat.“ Im Sitzen verdösen die fünf Hochzeitsreisenden die Stunden bis zum Sonnenaufgang. Leise vor sich hindampfend.
Als dann die Autovorderbank wieder eingebaut ist, wird gefrühstückt à la Resi Haberkern, deftig und reichlich und bereichert mit frischen Eiern von einer Bäuerin, die gerade an ihrem Zelt vorbei zum Markt wollte.
„Und wie weiter?“, will Hans Haberkern wissen, als auch das Zelt abgebaut und verstaut ist.
„Auf nach Ravenna!“
Und um den beiden Ehepaaren dieses Ziel schmackhaft zu machen, erzählt Gregor Schneid von Galla Placidia, der Schwester des Kaisers Honorius, der 402 nach Christus Ravenna zur Hauptstadt des Weströmischen Reiches gemacht hatte, von dem kleinen Mausoleum, in dem man sie 450 beigesetzt hat, und von dem wunderbaren Licht darin, das durch Fenster aus Alabaster gefiltert die herrlichen Mosaiken im Deckengewölbe zum Glühen bringt, wenn draußen die Sonne scheint. Er erzählt nichts von Galla Placidias schwächlichem Sohn, auch nichts von deren lästerlicher Tochter.
Alle vier sind jetzt so voller Erwartung, dass sie von Ravenna zuerst furchtbar enttäuscht sind. Die Stadt ist weder malerisch noch prachtvoll. Sie ist eine Allerweltsstadt wie viele andere. Ellingen ist schöner.
Aber dann San Vitale. Dieser achteckige Zentralbau. Sein Schummern zwischen Licht und Dunkel hüllt sie ein. Gregor Schneid beobachtet still seine vier Freunde, wie sie staunend hoch schauen zu dem gewaltigen Mosaik, das Kaiser Justinian, dessen Frau Theodora und deren Hofstaat zeigt.
Auf dem Weg zur Basilika Sankt Apollinare in Classe, einige Kilometer vor der Stadt gelegen, erzählt er ihnen alles, was er über Mosaikkunst weiß. Und er weiß viel darüber: wie man die Steinchen aus verschieden farbigem Marmor in kleinem Format zu figürlichen Bilder oder ornamentalen Dekorationen zusammenfügte. Wie man einen weit größeren Farbreichtum erreichte, indem man unter die kleinen Steinwürfel welche aus farbigem Glasfluss

mischte oder diese Pracht noch erhöhte durch Edelsteine und blattgoldunterlegte Glaswürfelchen.
„In Rom bekommt ihr ebenso schöne Mosaike zu sehen,“ verspricht er. „In Santa Maria Maggiore oder in Santa Prudentiana. Wartets nur ab.
Und hier in Ravenna, unter den vielen unschätzbaren Mosaiken, gilt die Darstellung in der Apsis von Sankt Appolinare, wo wir jetzt hinfahren, als die allerschönste Mosaikarbeit: Der Heilige Apollinaris weidet seine Schafe.“
Draußen bestaunen sie den schönen runden, weithin sichtbaren Campanile, drinnen die Säulenreihen aus geädertem griechischen Marmor. Aber: Mitten in der Kirche steht ein Gerüst. Von ihm hängen Füße herunter. Sie gehören zu einem schnarchenden Italiener, der Siesta hält. Er lässt sich nicht stören. Auch nicht von dem Flüstern, mit dem Schneid seinen Genossen die Technik des Mosaiksteinchenlegens mit Hilfe der Steinchen demonstriert, die neben dem Schlafenden massenweise herumliegen.
Und weil Schneid auch den anderen daheim erklären will, wie man mit so kleinen Steinen so Herrliches vollbringen konnte und kann, so nimmt er sich eine Handvoll Steinchen mit. Man kann den Schlafenden schließlich einer solchen Lappalie wegen nicht aufwecken. Und was Schneid darf, darf Familie Haberkern auch, und ebenso die beiden Morgotts.
Diese Steinchen werden aufgehoben, als wären es Diamanten. Hans Haberkern wird sie später oft von einer Hand in die andere gleiten lassen, die geklauten Mosaiksteinchen von Ravenna, da ist Resi Haberkern schon tot. Und noch viel länger schon Kaplan Schneid. Aber noch fahren die fünf der Sonne entgegen. An den Strand von Rimini.
„Nix wie ins Wasser!“ Das rufen sich die zwei Paare zu, halten sich an den Händen und rennen ins stille Meer hinein, bis zu hohes Wasser sie stolpern lässt und sie alle vornüber in das kühlende Blau fallen.
Schneid bleibt am Strand. Er sucht den gebogten Horizont. „Herr, Du hast Deine Welt schon schön gemacht!“ Und als der Abend kommt, die hart gekochten Gardasee-Eier und die neu erstandenen italienischen Tomaten samt Parmaschinkensemmeln aufgegessen sind, beginnt wieder der Umbau von Auto zum Schneid’schen Nachtlager und der Aufbau des Zeltes.
Decken, Kissen, direkt auf den warmen Sand. Die Zelteingangsplane weit zuückgeschlagen, so lässt sich der Sternenhimmel betrachten, bis der Schlaf kommt.

„Dass ihr mir aber heut Nacht mein Auto allein überlasst“, warnt Schneid noch. Vergebens.
Um vier Uhr früh – wiederum – schreit der Morgott Rudi: „Kleines Motorbooooot! Himmel! Großes Motorboot!“, schlägt im Traum um sich, dass die drei anderen aufschrecken, aufspringen – und das Zelt zum Zusammensacken bringen.
„Zumol hat der Rudi so laut angfangt zu träumen, un hat gschrien un i bin aufgwacht, es hat an Schlag tan un des Zelt is über uns reingfalln...“, berichtet Hans Haberkern dem Kaplan und zwängt sich neben ihn auf die Rückbank des Autos. Die anderen drei machen es ebenso. Welch eine Enge. Das war die zweite Nacht.
Die nächste Nacht schlafen sie bei der Gräfin Orsini. Eine Schülerin von Kaplan Schneid, noch aus seiner Spalter Zeit, ist Hausmädchen dort.
Die Gräfin lädt zum Tee. Natürlich kommt die Rede auf die noch nicht so lange vergangene Kriegszeit und die Untreue der Italiener der deutschen Armee gegenüber:
„...und daan kamen die teutschen Solltaten und sie haben hin- und hergeschissen...“, sagt die Gräfin. Die fünf Ellinger brechen in brüllendes, despektierliches Gelächter aus. Sogar der Kaplan.
„..oder wie sakt man?“, fragt die Gräfin verblüfft. Und Gregor Schneid entschuldigt sich und übersetzt in seinem unnachahmlichen Latein-Italienisch. Latein muss dabei sein!
Die fünf werden fürstlich bewirtet. Man trägt ihnen ihr Gelächter nicht nach. Haberkern und Schneid schlafen in dieser Nacht sogar in gräflichen Gästebetten, die anderen im Zelt, diesmal ungestört. Sie haben es im Park aufgeschlagen und genießen die Geborgenheit einer Mauer um ihre Lagerstatt.
Und dann Rom. Ewige Stadt, ewiger Traum von Gregor Schneid.
Bei den Benediktinerinnen haben sie Quartier gefunden.
„Die ham damals schon so Schlafsäle hergrichtet für Reisende, für Wallfahrer. Das hat der Gregor natürlich gwusst. Da ham wir endlich wieder richtige Bettn ghabt, mit so weiße Tücher von einander getrennt. Un dann gabs auch ein gutes Frühstück ... und dann Besichtigung! Da kam noch ein Pater dazu. Der Brasilianer. Den musst ich immer abholn in seim Quartier, in seim Kloster. Un dann sind wir zu sechst durch Rom gfahrn. Das war was! Da saßen die zwei geistlichen Mannsbilder vorne, un die Morgotts un mei Resi saßen hinten ... un die Italiener fahrn doch wie die gsengten Sai! Un dann sind wir zu den Thermen des Caracalla un dann zu die Katakombn ... un zum Mittagessen mussten wir ja wieder dahamm sei. Da hats immer an Wein dazu gebn, da stand a Karaffe mit

Wein, dem ham wir natürlich zugesprochen. Danach ham wir gsagt, jetzt muss es a Mittagsschläfle geben, i kann jetzt net fahrn. Un zum Glück kam – da hat der Himmelvater mir gholfen – jeden Tag so gegen eins, halb zwei ein richtiges Gewitter. Das war mei Rettung. Da konntn wir schlofen, weil wir erst nach dem Gwitter wieder loszogn sin. Die Paulskirch, die spanische Stiegn ... was ham wir alles gsehn?! Der Gregor is doch alles durchgloffen ... un dann hat er gschaut und gschaut und gschaut.“ Haberkern staunt noch heute.

„Aber wehe, wennst da was stiehlst! Aber er hat immer a Drumm mitgnommen. Immer a Stückla Staa, immer a paar Drümmle. Un alles hat er unter sein Talar neigschobn.“ Haberkern lacht. „ Das ham wir acht Tag lang so gmacht.“

Haberkern verliert sich stumm an seine Erinnerungen, dann schaut er hoch. „An Ostermontag die allgemeine Papstaudienz!“ Seine Erinnerungen sind so feierlich, dass er hochdeutsch spricht.

Gregor Schneid ruft zum Papst hinauf, der hereingetragen wird: „Grüß Gott, Heiliger Vater!“

Der ehemalige deutsche Nuntius sucht den Rufer mit den Augen, erkennt ihn wohl an der erhobenen grüßenden Hand.

„Wo kommt Ihr her?“, fragt er mit stiller Würde hinunter.

„Aus München!“, ist die freudige Antwort.

„Grüßt mir mein München!“

Die Sehnsucht, die aus dieser Bitte klingt, nach vergangenen freien Tagen, lässt die Augen tränenvoll bei Schneid und seinen Freunden werden.

Pius XII – der Papst mit dem Wahlspruch „Der Friede ist das Werk der Gerechtigkeit“ und dessen Friedensapelle an Hitler wie an Mussolini vor Ausbruch des Zweiten Weltkrieges erfolglos blieben.

Haberkern nickt. Ihn hat man in diesen Krieg geschickt. Ganz jung. Er kennt den Wert des Friedens. Aber dann lacht er wieder: „Dann sind wir über den Lago Maggiore heimgfahrn. Auf am Zeltplatz am See ham wir wieder unser Zelt aufgschlogn.

Da ham die anderen am Zeltplatz gsagt: Gebt Obacht an der Grenzn. Die nemma euch alles ab! Da ham wir all den Wein, all den Lacrimae Christi zammgsoffn, den wir in Rom kauft ham. Aufm Acker hab ich genächtigt, vor lauter Rausch.“

Etwas haben die Haberkerns aber doch von ihrer luxuriösen Hochzeitsreise mit dem Kaplan heimgebracht. Eine Christopherusmedaille, gesegnet von Papst Pius XII. „Die hab i heit no in meim Auto drinn ... die hab i immer von jedem Auto raus und ins neue

rein gtan." Von dreien weiß er sich noch heute beschützt: „Von meiner Resi, von Gregor Schneid und von dem, der das Christuskind über den Fluss getragen haben soll."
Die Reise geht am 5. Mai 1953 zu Ende. Vorher aber haben sie noch beim Braumeister Seybold in Zürich Halt gemacht. „Bei dem ham wir ein ordentliches Quartier gekriegt. Der Gregor hat an Mesnersbubn ghabt, der war jetzt Brauereigehilfe, un bei dem sin wir einen Tag gebliebn und eine Nacht. Un eine Nacht warn wir noch in einer Arbeitergaststätte. Saumäßig teuer! Ganz einfach, nur ein Waschlavoir und an Wasserkrug dazu zum Waschn!"
Haberkern sinniert: „Un dann warn wir wieder dahaam..."

EIN FREUND war GREGOR SCHNEID

Er war fromm, zuverlässig, freundlich

Einen Roman um Gregor Schneid zu fabulieren, wäre nicht schwierig. Er war eine imponierende Gestalt, tat ein Werk, das Hochachtung fordert und erduldete ein tragisches Ende.
Doch jeder Mensch sieht einen anderen anders. So bleibt uns nur, die zu befragen, die ihn kannten. Das sind wir ihm um der Wahrheit willen schuldig. Manches, was auf seine Wegbegleiter sehr eindrücklich gewirkt hat, wiederholt sich in ihren Aussagen und Erinnerungen.
Er war einen Meter neunzig groß, hatte braune Augen. Und dunkelbraune Haare. Er trug eine Brille. Auf einem Auge war er fast erblindet. Er war fromm, zuverlässig, freundlich. Und er war ausdauernd.
1946 wurde Wunibald Puchner auf den Lehrstuhl für Innenarchitektur an der Akademie für Bildende Künste Nürnberg berufen. Wegen Kriegsgefährdung hatte man die Akademie nach Ellingen ausgelagert. Ins Ellinger Schloss, das bedeutendste aller Schlösser des Deutschen Ordens aus dem 18. Jahrhundert.
Ein wundervoller Rahmen für junge Talente, junge Menschen, die Krieg, Bomben, Angst, Hunger und die Demütigungen der Besatzung hinter sich hatten. Die Ellinger nannten die Studenten liebevoll „Die Pinselhupfer an der Akademie der wilden Dünste".

Die Akademie der wilden Dünste

Neben ihren Studien, neben Vorträgen, Kammer- und Solistenkonzerten vergnügten sich die Studierenden bei Sommerfesten im Schloss, sie feierten Tanz im Festsaal bei Kerzenlicht, veranstalteten flüsternd einen Lampionkorso im Schlosspark bei dünner Mondsichel, tummelten sich nächtens im Park, gleich Elfen aus Shakespeares Sommernachtstraum.
Wenn Professor Puchner davon erzählte, schmunzelte er listig: „Von Puck seht Ihr Euch nie betrogen!" deklamierte er. Man hörte wie er das ck in Puck verstecken wollte. Ja, Pu!
Er erzählte weiter: „Sie übertrafen sich beim Arrangieren bunter Faschingsfeste. Wochenlange Dekorationsarbeiten gingen diesen Veranstaltungen voraus. Der Phantasie der Studenten waren keine Grenzen gesetzt."
Das erste Künstlerfest nannten sie „Die sechste Dimension", das letzte „Fasch-Ellinger".
Dann gab es ein „Fest der Ertrunkenen". Puchner: „Bei dem standen die Decken der Klassenräume für den Meeresspiegel, auf dem lebensgroße Gipsleichen gschwomma san, und auf dem Fußboden lag ein versunkener Dampfer, um einen rotglühend geheizten Kachelofen gebaut, der das Feuerloch des untergegangenen Schiffes dargschtellt hat. Und immer war der Kaplan dabei und hat gholfen und geschaut und tolle Ideen ghabt. Da hams Schatztruhen hingschtellt, drauf ham Piraten und Admiräle, Matrosen und Seemannsbräute gsessen ... und der Kaplan. Und i..."
Schließlich kam der Höhepunkt all dieser Feste. 1952! Das Kostümfest nannten sie ‚Küfakofe' Die Faschingsnarren mussten über Leitern auf eine Plattform in eine Holzkonstruktion klettern, nur um wieder über Leitern hinunter zum Tanzboden zu kommen. Das muss dir erstamal einfallen!
Der Prechtl hat eine Einladung dazu gemalt. Eine schöne Rothaarige und ein Dicker mit Krawattn und Badehose haben herzlichst eingeladen zum großen Künstlerfasching Februar 1952. Die Schöne hat ein Bikinioberteil anghabt mit gelbe Augen vorne drauf und einer Notopfer-Berlin-Marke anstelle des Unterteils. Sagt mer so?
Und war man dann unten im Festsaal, da stand ein Thron mit Baldachin, getragen von vergoldeten Prozessionsstangen, den hat ihnen der Kaplan ausgeliehen, den Prozessionshimmel.
Und einer is daherkimma, riesig groß, hat ausgschaut wie ein Muselmann , hat auch net viel Deutsch konnt, hat nur immer die Arm über der Brust gekreuzt und behauptet ‚Allah ist groß!'

Entwurf für eine Faschingsdekoration in der Akademie in Ellingen von Professor Wunibald Puchner

Nach einer Studienreise nach Paris ham sie dann das Fest ‚Chez Madame' arrangiert. In zweigeschossigen Etablissements. Erdgeschossig mit Cafés und Bars, obergeschossig mit Feldbetten der amerikanischen Besatzungsarmee. Da war der Kaplan net dabei."
Puchner erzählt weiter, ganz professoral:
„Der Landkomtur Carl Heinrich Freiherr von Hornstein lebte von 1717 bis 1743 in Ellingen. Für sich und seine vier Ordensbrüder ließ er voller Bauleidenschaft an sakralen Bauten die Pfarrkirche St. Georg, die Maximilianskirche und die Mariahilfkapelle errichten, in deren Gruft, unterhalb der Kapelle, noch heute seine Mumie in einem Glasschrein ruht.
Einmal im Jahr hat der Kaplan ihn gelüftet! Er hat ihn in die Sonne glegt, um einen Pilzbefall vorzubeugen, und währenddessen das Schwert des einstmals Gewaltigen sorgfältig in der Küche seines Kaplanhauses eingschperrt, und sein Kreuz auch, damit die Dorflausbuben mit denen keinen Unsinn treiben konnten.
Nach dem stundenlangen Sonnenbad staubte er den schon lange Toten dann sorgfältig ab, legte ihn wieder zurück in den kleinen Glasschrein, betete unmerklich dabei, hat halt vor sich hin gmurmelt, hat den Feldherrnmantel sorgfältig über ihn gebreitet und ihm dann Kreuz und Schwert zurückgebn. Jedes Jahr, an einem heißen Sommertag hat er das so gmacht. Und jedes Jahr ham die Kinder, besonders die Ministranten, darauf gwart.
Also auf das Kanapee in seiner Küche hat er das Schwert glegt. Während der Restaurierung der Kirche hat er schon alle Putten von der Kirch drüben dort sitzen ghabt. Die warn ja alle runtergfallen beim Angriff oder danach abmontiert worden. Die hat er alle nebeneinander auf dem Küchenkanapee sitzen ghabt. Das war der Kaplan!
Lang vorher hab ich ihn mit dem Kanapee laufen sehen. Auf seinem Kopf. Mit dem Ungetüm ist er die Straßen entlang ganga. Nur mit die Augn hat er unten rausgschaut und is mitten in der Straß ganga. Das war der Kaplan.

EIN MENSCH war GREGOR SCHNEID

Er war ein aufgeschlossener Geist

Der Priester Gregor Schneid war ein aufgeschlossener Geist, der den Dialog mit den Menschen ohne Vorbehalt suchte und bereits lange vor dem Konzil ökumenisches Bewusstsein vorlebte. In Eitensheim am 14. Juni 1910 geboren, Abitur in Dillingen, ging der junge Gregor zu den Missionsbenediktinern von St. Ottilien am Ammersee. Dort lernte er verschiedene Handwerke und klösterliche Kunsthandwerke kennen. Sein Herzenswunsch, in der Mission tätig zu werden, konnte jedoch nicht in Erfüllung gehen. So wurde er nach Studium an der Universität München, bei den Benediktinern in St. Ottilien und seit 1933 an der Phil.-Theol. Hochschule Eichstätt Weltpriester. Als Kooperator war er in Arberg, Nürnberg-Eibach, Spalt (für Hagsbronn) und dann ab 16. Juni 1945 in Ellingen tätig.
In einer kalten Nacht kurz vor Ende des Krieges kam er mit dem Fahrrad durch das zerbombte Ellingen und sah die stark beschädigte St.-Georgs-Kirche. Seiner eigenen Erzählung nach ging er in den Kirchenraum, der wie mit einem Leichentuch mit Schnee bedeckt war, und kniete ergriffen vor dem Altar nieder. Er spürte, dass seine künftige Arbeitsstelle hier in Ellingen sein sollte.
Die Gedenktafel in der St.-Georgs-Kirche verkündet: „Gregor Schneid ... fühlte sich berufen, die zerstörte St.-Georgs-Kirche wieder aufzubauen. Dazu bekam er den Auftrag des Bischofs Michael Rackl. Er hat sich durch aufopfernde Arbeit, Kunstverständnis und mitreißenden Optimismus unvergänglich eingeschrieben in die Herzen aller Ellinger und aller, denen er anderswo begegnete. Sein Leben entsprach dem Leitwort des Deutschen Ordens: Anderen dienend verzehre ich mich. Er starb im Herrn am 20. April 1967 im Alter von 56 Jahren.“
Für die künstlerische Entwicklung von Gregor Schneid war die Anwesenheit der Akademie der Bildenden Künste im Ellinger Schloss sicher förderlich. Die Begegnungen mit den Studenten bei ihren Studienarbeiten und im gesellschaftlichen Leben – einige waren bei Kolping aktiv –, man denke an die Theater- und Opernaufführungen im Sommerkeller unter seiner Regie, waren für Gregor Schneid, der sich im Selbststudium sein Können erarbeitet hatte, Ansporn und Herausforderung. Zahlreiche Bilder, meist Aquarelle, einige Ölgemälde und mehrere Ölkreidebilder entstanden während seiner Ellinger Zeit.

nach Max Bayer in: 1100 Jahre Ellingen 899–1999

Wally Wallenberger erinnert sich

Hören wir Wally Wallenberger zu.
Sie war eine Dienende. Die wahren Großen dieser Welt sind die Dienenden.
„Er ist in der früh spätestens um sechs Uhr aufgestanden, hat sein Brevier gebetet. Immer. Da war er einmalig. Das war das Allerwichtigste für ihn. Er wär ja auch so gern in die Mission gegangen. Er war in seiner Lebenshaltung großzügig. Er hat schon gut essen wollen, aber besondere Ansprüche hat er nicht gestellt. Und wenn ich gar nichts gekocht hab, dann hat er auch nichts gesagt. Er wollte viel lieber, dass ich Handarbeiten gemacht hab. Ich hab ja auch all seine Messgewänder gemacht. Ich hab das Nähen nicht gelernt. Ich war – vielleicht 14 Tage lang – einmal beim Nähenlernen, so provisorisch halt. Er hat zu mir gesagt: Meine Mutter hat alles nähen können, warum sollst du das nicht auch können. Eigentlich hat er sehr viel von einem verlangt. Aber ich hab mich halt eingestellt drauf, und hab mich bemüht, und es ist gut gegangen.
Er hat so gern Spaß gehabt. Hat gern gelacht. Er war ein freundlicher, lustiger Mann. Jeder hat gemeint, er ist ein Freund von ihm. Das ist ganz eigenartig gewesen. Er war zu den Leuten so gut, so herzlich einfach. Wir waren so gern in Ellingen, die Leut waren so nett und anhänglich. Auch die Jugend.
Aber das Wichtigste war ihm die Seelsorge! Wenn er was Künstlerisches gemacht hat, das hat er nebenbei gemacht: Einmal in der Früh ist eine Bekannte von mir in die Pfalz gezogen. Da ist er noch früher als sonst aufgestanden und hat ihr ein Bild gemalt. Und ich hab's noch schnell zur Bahn gebracht. Wenn er sich etwas in den Kopf gesetzt hat, musste alles schnell gehen und so wie er's gewollt hat.
Die Entwürfe zu den Messgewändern hat er auch selber gemacht, und bei seinen Theateraufführungen hab ich auch die Kostüme herbringen müssen. Zum Teil hab ich sie selber genäht und auch wieder hergerichtet. Und geändert. Er hat genug Verbindungen gehabt, da hat man ihm Kostüme gegeben. Er versuchte alles durch Tauschen herzubringen."
Er ist ständig unterwegs. Auf seinem Rad. Und hier trägt er die Pelerine, von der Professor Puchner in seinem Hochdeutsch-Niederbayrisch-Gemisch weiß:
„Ottmarsfeld war Filialkirch von Ellingen. Alle 14 Tag hat er dort Messe gelesen und is mit dem Radl dorthin gfahren. Da hat er so

einen Umhang umgehabt, er kam daher wie ein Fossil, mit so einem alten Rad is er da umanand gefahren. Da hat er mir gesagt: ‚Herr Professor, morgen nach der Messe sag ich zu den Bauern, ich hab ein Anliegen, denn ich brauch Holz und ich brauch ein Fuhrwerk.'
Und des ham die Bauern dann alles gmacht. Er hat die Bauern angehauen und die ham erm ois zur Verfügung gestellt. Auch beim Bau des Kaplanhauses. Alles haben sie in Eigenleistung gemacht. Beim Kolping hat er so viel Leut ghabt. Alles in Feierabendarbeit. Das weiß ich noch gut. Dachdecker, Zimmerer, alle Teifi warn dabei.
Und wenn er sich gar nicht mehr zu helfen wusste, wenn er anderen nicht mehr helfen konnte , sagte er „Ihr müsst zur Fürstin gehen. Die sagt immer ja!" So hat er's gmacht!"

Die Fürstin: Er hat Sachen gemacht!

„So war es", sagte die Baronin Aretin später, die damals Fürstin Werde von Ellingen gewesen war. „Ich hab ihnen das Holz für die alle Fenster in der Kirche innen gestiftet. Die waren ja alle kaputt. Aber auch für die evangelische Kirche hab ich ihnen Holz für das Kruzifix geschenkt.
Der Kaplan Schneid war ja ein ganz anderer Mensch, als man sich einen Geistlichen vorstellt. Er hat Sachen gemacht...", sie musste leise lachen, „...zum Beispiel ist er Pferderennen mitgeritten. Und immer, wenn er zu mir kam, hab ich gesagt: ‚Aber Herr Kaplan, das kann man doch nicht machen.' Das war wirklich zu lustig! Denn es gab ja auch immer einen wirklichen Grund für dieses ‚Aber Herr Kaplan, das kann man doch nicht machen...'
Aber natürlich konnte er es so machen. Man war nur nicht gewöhnt, dass ein geweihter Priester solche Dinge macht, wenn er im blauen Anzug auf der Turmspitze sitzt. Aber bitte, das hab ich ihm natürlich nicht ausreden wollen. Aber manch anderes schon. Er war sehr viel bei uns, weil er meinen Kindern zum Teil Privatunterricht, also Religionsstunden gegeben hat.
Da ist er einmal gekommen, da war in der Schule irgendetwas, das mir nicht gefallen hat, offensichtlich. Das hat er dann auch glatt gemacht, gerichtet.
Sein Abschiedsgottesdienst von Ellingen: Er hat eine Predigt gehalten und unter anderem gesagt: Ihr Ellinger! Ihr dürft mir den

Fürsten Oskar nicht vergessen. Der Fürst Oskar war der Bruder meines Schwiegervaters. Dieser Onkel Oskar war ein absoluter Heiliger. Wirklich! Unglaublich. Er war nur dann kein Heiliger, wenn er auf die Jagd ging. Da hat es immer geheißen: ein Heiliger auf Urlaub. Dort hat er nämlich geflucht, wenn er vorbeigeschossen hat. Das hat der Kaplan oft erlebt, er ist ja mit ihm auf die Jagd gegangen, hat den Heiligen auf Urlaub begleitet. Deswegen hat er in seiner Abschiedspredigt gesagt: Ihr dürft mir den Fürst Oskar nicht vergessen.

Was hat er noch gesagt? Ich weiß es nicht, weil ich so geheult habe, aber so geheult wie, glaub ich, nie mehr in meinem Leben, dass ich fast überhaupt nichts mehr mitbekommen hab. So gern haben wir alle den Kaplan gehabt. Er war auch beim Tod des Fürsten Oskar dabei. Im Krankenhaus. Er hat mich da nie allein gelassen.

Es war eine schwere Zeit. Für uns alle. Furchtbar. Dann die Verantwortung für das Ganze hier. Ich war ja Vollerbin und hab es erst abgegeben, als ich wieder verheiratet war.

Aber man konnte auch viel helfen. Mit Hilfe von Kaplan Schneid. Ja, der mir gesagt hat wohin und wers brauchte.

Er war Vermittler. Ich war ja auch eher neu hier. Ich hab zwar sehr schnell die meisten Menschen kennengelernt, durchs kirchliche Leben. 1939 hierher gekommen. Krieg, Bombardierungen, in den Bauernhäusern haben wir gelebt, in Mischelbach. Im Wald, in Hütten Ende des Krieges, mit den kleinen Kindern. Sandsee wurde zerschossen, da sind wir in den Wald gezogen. Aber da gabs halt noch keinen Kurat Schneid.

Er war vorher in Spalt. Dort wird er nicht so bedeutend gewesen sein für die Bevölkerung. Ich weiß es nicht. Aber man hat nie etwas gehört von Spalt.

Ich hatte ja damals die Verwaltung. Ich musste also jeden Tag hieher oder nach Weißenburg. Meistens bin ich zu Fuß gegangen, die ganze Strecke, denn die haben einem die Radl unter dem Sitz weggestohlen. Und dann die Tiefflieger. Entsetzlich! Unbegreiflich. Die Jagd auf Menschen. Auf einzelne Menschen. Da brauchte man viele Schutzengel.

Während des großen Bombenangriffs waren wir hier im Schloss...

Ja, dann mussten wir rauf nach Sandsee. Sandsee war von der Gestapo besetzt. Aber die haben uns Platz gemacht. Meine Schwiegermutter ging auch dahin nicht mit. Sie blieb hier. Ach, die Bilder von dem zerstörten Ellingen in meinem Kopf.

Es war so entsetzlich. Im Spital seh ich noch alle liegen. Wirklich auf Stroh! Eine Haberkern, eine geborene Seis, die war so ein Engelsgeschöpf, sie hatte blonde Locken und lag da auf dem Stroh. Man hatte ja dort ein Lazarett eingerichtet. Ja ... und dann kam Kaplan Schneid.
Doch auch über seine Ellinger Zeit hinweg waren wir mit ihm verbunden. Ich weiß von einem schönen Empfang im Garten des Dettenheimer Schlösschens. Das muss sein 25-jähriges Priesterjubiläum gewesen sein. Wunderschönes Wetter..."
Soweit Sophie Freifrau von Aretin, verwitwete Fürstin von Wrede, geborene Gräfin Schaffgotsch. Sie war ein bisschen Boccherini und sehr viel Wagner. Sie war eine köstliche Komposition aus Charme und zärtlicher Energie. Sie war geliebt.
2008 starb sie im 93. Lebensjahr. Ihre letzten Worte waren: „Alles gut – alles schön."

Wunibald Puchner spricht viel vom Kaplan

2008: In diesem Jahr lebt Professor Puchner noch. Ein Jahr später stirbt auch er mit knapp 94 Jahren. Noch in diesem letzten Jahr spricht er viel von Kaplan Schneid.
...man kann über die Päpste herziehn, aber sie haben auch wahnsinnig viel Gutes gemacht. Im Mittelalter gab es nur die kirchliche Lateinschule. Da ham Bauernpfarrer begabte Bauernkinder in den geistlichen Stand gebracht, die später Bischöfe, Kardinäle, sogar Päpste geworden sind. Was haben die alles geleistet. Man denke an die Franziskaner! A Bettelorden hat für die Armen gewirkt. Wer hat sich denn sonst um die Armen gekümmert, im Mittelalter? Wenn man alles gegeneinander abwägt, trotz der Inquisition, trotz der Fehlentscheidungen der Kirche in naturwissenschaftlichen Dingen, trotzdem hat sie mehr Gutes als Schlechtes geleistet. Es gibt und gab so viele großartige Priester. Denk an den Kaplan Schneid. Er erinnert mich so an den Film Don Camillo und Peppone. Schneid war der bayrische Camillo. Camillo als Gegenspieler vom kommunistischen Bürgermeister, der aber seinen Sohn taufen lässt.
(Er wechselt in seiner Diktion wieder vom Professor zum Niederbayern:) ... wie der Camillo ihn überlistet und aufd Schnauzen haut, das is einmalig! Schön is auch die Szene, wie er den Christus den Berg naufschleppt, den lebensgroßen Christus. Den holt er

doch und tragt ihn nauf und spricht mit ihm, das ist unglaublich gut. Auch dieser Gregor Schneid war so eine Ausnahme. Er war ein robuster, zupackender Geistlicher, der mit beiden Füßen im Leben stand, der alles gemacht hat, um die jungen Leut an sich zu binden, durch Vereinigungen vor allem wie dem Kolping-Verein. Er hat die Jungen wirklich geformt. Und jeder redet und redete mit großer Hochachtung von ihm. Er hat sich selber nicht geschont, hat nix ghabt, hat gelebt wie in einer Klosterzelle. A Feldbett hat er ghabt, und an Schrank, da war a Totenkopf drauf. Ich war ja oft bei ihm im Kaplanhaus. So wie ihn – grad so – stell ich mir einen Geistlichen vor. Hat kein Auto ghabt, nix, is mit dem Radl nach Ottmarsfeld und in die Filialen gfahrn und hat die Bauern angebettelt, ihm beim Bauen zu helfen. Der Schneid war der deutsche Camillo. Er war a Altbayer. Seine theologische Karriere begann in Eichstätt. Dort hat er studiert. Dann war er Kaplan in Spalt. Dort hams ern strafversetzt wegn die Weiber, hat mer gsagt. Dieser Schneid, des war scho a Figur. Jeder Ellinger, wannst den fragst, dann ist der immer sehr begeistert und angetan von diesem Mann. Wirst keinen finden, der über diesen Mann schimpft oder was Schlechtes von ihm weiß.
Ich hab den Schneid kennengelernt, da ist er erst ganz kurz da gewesen. Ich hab eine Schülerin ghabt, die war von Weimar. Die war vorher in Weimar an der Hochschule, war Nazijungführerin gewesen oder BDM-Führerin, die ist durch den Schneid bekehrt worden und später ins Kloster zu den Karmeliterinnen gegangen. So was hat er fertiggebracht.
Den Schorer, der Professor für Bildhauerei war, und die Grete, die hat er auch zusammengebracht. Er hat zu ihnen gsagt: Spielts doch bei uns auf der Orgel. Die Grete hat nämlich eine Gesangsausbildung ghabt, und er hat Orgel gschpielt.
Da war ja no der protestantische Pfarrer, der Philipp Kreutz. Dem hat der Schorer den Christus hinterlassen. Ein Russe. Ein Karpatenrusse. Er hat einen wirklich schönen Kopf ghabt. Der Schorer hat eine Porträtbüste von ihm gemacht. Und dieser Kreutz hat gedichtet. Diese Gedichte sind zum Teil vertont worden.
Da gabs ein Gedicht – wer es komponiert hat, weiß ich nicht. Da ham wir im Schloss in mein Atelier den Flügel von der Fürstin reingholt, Leut eingladen, der Schorer hat die Notn ghabt und hat gschpielt, und die Grete hat gesungen. Den Pfarrer Kreutz haben wir natürlich auch eingeladen mit seiner Frau. Sie war a Polin und hat kan Stecka Deutsch konnt. So a bissl Deutsch hats scho können. Ja und der Schneid war auch da.

Der Protestant hat also gedichtet – und der Katholische hat gmalt. Und hat sich malen lassen. Im Ornat! Er is in die Akademie ganga un hat si maln lassen im Goldornat. Im Rauchmantel. Da ham ern die Weiber gmalt. Da war eine Malklasse, da warn nur Weiber drin.
Die ham auch in der Kirche gmalt, wo meine Schülerinnen der Innenarchitekturklasse den Beichtstuhl zeichnen mussten. Das hab ich so gewollt. In dem Beichtstuhl aber hat nicht der Kaplan gesessen, wie die Meinigen es gehofft haben, sondern ein Student vom Sepp Ruff. Die Meinigen ham sich untereinander alle ihre Geheimnisse erzählt, immer gflüstert hams, und dann is der Theo Kief aus dem Beichtstuhl rauskämma, weils gar so tolles Zeug erzählt ham um den Kaplan ... und da sind die Meinigen und die Weiber von der Malklasse aufgschprunga und ham gschrien un gschrien, un sin davon. Ja...
Der Schorer und die Grete ham dann geheiratet. Das hat der Kaplan eingfädelt.
Ja und dann war der Romano Guardini bei uns. Er hat den Sepp Ruf besucht. Der Guardini war damals scho ein recht bekannter Religionsphilosophieprofessor gwesen. Er hat grad von der Universität Tübingen an die Uni München gwechselt. Über christliche Weltanschauung hat er unter anderem glesen. Der Schneid muss begeistert von erm gwesen sei. Un der Guardini von diesem Schneid, der ja auch die Offenheit besessen hat, ein Lutherbild in seiner Stubn aufzuhängen. Ich glaub, der war richtig begeistert von diesem Kirchenrevolutionär. Ham ja auch a bissl was gemeinsames ghabt...“

Professor Puchner und Bäckermeister Specht betrachten Fotos

Professor Puchner und der Bäckermeister Specht aus Ellingen haben sich immer schon gerne über Kaplan Schneid unterhalten. Sie haben gelacht dabei und sich gegenseitig unterbrochen, soviel ist ihnen eingefallen. Sie schauen Fotos an.
Specht: Die Wally Wallenberger hat mir einiges vom Gregor Schneid geschenkt. Das is der Gregor und der Bäumler, a Oberpfälzer, a Bildhauer, der Leo, der hat erm a Madonna gmacht, im Pfarrhaus hat er sie hergricht.

Puchner: Der war ein Schüler beim Schorer. Von ihm ist das Relief „St. Martin“ am Kaplanhaus. Der heilige Martin, das hat scho Bezug zum Schneid ghabt. Der hat auch ois hergeben, wenns a anderer besser hat brauchen können als er.
Specht: Des war in Dettenheim, in der Jugendgruppe. Da war er in sein Element: Da oben steht er in sein Mantel, die andern hat er alle gschminkt, da hat alles aufs Tüpferla passen müssn bei aner Theateraufführung.
Und des war der Abschied vom Gregor von Ellingen.
Puchner: Der muss ergreifend gewesen sein. Er hat einen Gottesdienst gehalten, da hat er gesagt: Vergesst mir den Fürsten Oskar nicht. I kenn den Oskar noch, wie er umanand glaufen is, allwei in so aner Jägerkluft.
Specht: Ja, der war in Schongau dadrobn Landrat, un war im Dritten Orden. Er liegt droben am Friedhof, links von der Kreuzigungsgruppe.
Puchner: Nicht in der Maxkirche?
Specht: Hm. Und das is a Priesterjubiläum vom Pöschel, der war in Limburg-Lahn. Sei Familie is aus dem Sudetenland, Vertriebene. Die Mutter un zwei Brüder warn in Ellingen. Des Jubiläum war da in Ellingen. Der Gregor hat schnell die Apsis von der Kirchn gerichtet, a neis Pflaster neigmacht, dann hat aber der Florian gsagt, er geht net in die Kirch nei, net dass da Staner runterfalln un es passiert was. Der Stadtpfarrer, der Florian Sangl, der war damals der Stadtpfarrer.
Puchner mit Fistelstimme: „Grüüüß Goood...“, so hat er gredt. I hab an Plan gmacht für das Kaplanhaus, und den hat er dann dem Konrad Schmitt gebn, eingabefertig, der hatn durchpaust un hat ihn eingreicht. Da wollt er mi bscheißn. Den Lang hab i ganz gut kennt, i hab ihn angrufn und gfragt: „Ja was is denn mit der Eingabe?“ „Ja“ – sagt der – „der is ja scho lang da und genehmigt.“ „Ja frag i, wer is denn des gwesen?“ „Konrad Schmitt!“
Da bin i zum Stadtpfarrer ganga un hab erm gsagt : „Sie! Passns amal auf, i krieg von dem Plan etwas, des is geistiger Diebstahl“ „Ja sagt der: Da muss ich erst in der“ – mit ganz übertriebener Fistelstimme – „da muss i erst, Herr Professor, in der Moraltheologie nachschaun.“ So a falscher Hund war des gwesen, so a verdruckter. Der war amol in der Irrenanstalt als Pfarrer und Betreuer, da hat er a aweng was abkriegt. Eines schönen Tages kommt der Chef des Landbauamtes zu mir und sieht diese Pläne. Da stutzt der und sagt: Jetzt woiß i, wo der Zigeiner des herhat. ja so ein Krip-

pel, so a falscher Hund. Die hams sie nämlich gwundert, wie der auf sowas draufkimmt.
Specht: Der Gregor und der Sangl ham eigentlich nie gschrittn. Na, des war alles lautlos. Aber der Pfarrer hat das Sagen in einer Pfarrei, er musste alles unterschreiben, des passt heitzutag nimmer zamm, dass der Pfarrer alles unterschreibn muass, was er gar net wissn kann, aber es läuft nix ohne Pfarrer, der muss Sachn absegnen, wovon er überhaupts net keine Ahnung hat. Des is heut noch so, aber a guter Pfarrer hat gute Leit in seiner Gemeind, dies besser kenna als wie der Pfarrer.
Puchner: Der Sangl war konservativ!! Schau, da sitzt er. Gleich neben dem Kaplan bei dessen Verabschiedung 1954 in Ellingen, im Frühjahr. Der Schröffer war damals seit 47 Bischof von Eichstätt gwesen, noch vor der Währungsreform, un is später Kurienkardinal in Rom gwordn.
Puchner schmeißt das Foto in unbekannte Ferne, so wild ist er geworden und holt das nächste Bild.
Und da. I kann mi erinnern, da is ein Mitglied des fürstlichen Hauses beigesetzt worden, da war der Schröffer da, bei den Beisetzungsfeierlichkeiten. Da war der jetzige Fürst sooo kloa, wir ham vom Fenster obigschaut im Schloss. Da kann i mi an die Kinder erinnern von der Fürstin. Die zwoa Mädchen, die größeren, und er der kleinste. Alle weiß gekleidet – die Trauerfarbe des Adels ist weiß – wie alt war der Fürst denn da?
Specht: Er is 42 geboren, die Anke 40, der Carl 42 und die Sissi 43.
Und da, da war der Hochmeister vom Deutschen Orden, da der im weißen Mantel. Da war in Ellingen amol Kapitelsitzung. Den schwarzen Mantel, den der Gregor da trägt, der war dann auf seim Sarg glegen."
Beide bleiben eine Zeit lang stumm, dann greift Puchner in den Stapel und legt zwei Bilder Specht vor.
Specht: A Kommunionbild und noch ans. Der Gregor auf der rechtn Seite, groß war er, sehr groß und a kräftige Stimmn hat er ghabt. Ganz tief.
A ja, des is nomal a Bild, wo der Hochmeister da war. Den Anlass weiß i net, müsste 54 gwesen sein, i glaub Demel hat er gheißn, aus Wien.
Un da unser Pfarrhaus: Des is der Einzug in die Kirch am 20. Dezember 53, wie mer wieder in die neie Kirchn neizogn is. Un da sin mer scho in der Kirch. Der Gregor unterm Traghimmel mit Prozessionslaternen.

Un das war während der Renovierungsarbeiten. Da der Gregor in seinem Arbeitsanzug. Mehr Fotos davon existieren schoo, im Stadtarchiv!
Un des is a ganz typisches Bild: die Frau Baronin, die damalige Fürstin, besucht den Gregor, wie er in sein Element war.
I hab amol zur Baronin gsagt: Da hams'n wohl an dicken Scheck gebn, weil ihr gar so erschrocken seid beim Fotografieren. Er in seiner Arbeitskluft allweil mit seiner „Gebirgsjägermützn", die hat er aber da gar net auf.
Ach, is des a schöns Bild: bei einer kirchlichen Handlung, bei welcher weiß i net. Bei einer Tauf...
Der Gregor is mit beiden Füßn auf'm Boden gstandn, hat den Leuten viel geholfen, er war einfach a volkstümlicher Mensch! Er is mit jedem per du gwesen, und jeder durfte ihn auch duzen.
Puchner erinnert an die französischen Arbeiterpriester, "...die haben Kontakt mit den Leuten gehabt und gegen den Kommunismus gearbeitet..."
Specht: Ich war Ministrant von 45 bis 48. Dann bin i aus der Schul komma. Wir mussten alle die Gebete genau kennen und genau lernen. Das war ihm wichtig. Die lateinischen Gebete warn net einfach für uns Bubn, aber der Gregor hat sehr großen Wert drauf gelegt, dass die lateinischen Gebete richtig warn. Es hat Büchle gebn mit der Übersetzung, aber beim Minstrieren selber ham wir die net gebraucht. Den deutschen Inhalt haben wir schon gekannt. Er hat regelmäßig Ministrantenstunden ghalten – trotz seiner vielen Arbeit. Da hat er uns zum Beispiel, wenn Firmung war, da hat er am Boden an Kreis gmacht, wo wir vom Anfang bis zur Wandlung zu stehen ghabt ham und wo wir später zu stehn ham. Des hat passen müssn wie bei die Soldatn; es war wirklich was Schöns. Die Liturgie hat er bereichert. Ganz bestimmt.
Puchner: Der Kaplan war doch im Krieg gwen? Zehner Jahrgang, Kriegsleiden, a Magengschichte.
Specht: Er hat doch nur noch an halben Magn ghabt.
Puchner: Vielleicht war er a Sanitäter. Woher hätt er denn sonst seine „Gebirgsjägermützn" herghabt? Er war im Krieg. Zum Arbeiten hat er ja a Uniform anghabt. Sicher war das seine. An Militärmantel hat er a ghabt.
Specht: Bei uns in der Schule, im Religionsunterricht, da hat er immer gfragt – Dienstag und Freitag – da war Schulmesse, da hat er im Unterricht jeden gfragt: „Warst du heit in der Schulmesse?"
Er hats ja selber gsehn ghabt, aber gfragt hat er. Und wenn aner net war, der hat sich entschuldigen müssen, hat Gründe angeben müs-

sen, warum ma net in der Kirch war. Einerseits war er so streng, des hat aber a angenehme Folgn ghabt: Die Leit han komma und san ganga. Wenn der Gregor an braucht hat, dann is wer dougwesen. Ma is zu ihm gstanden. Er hat a die Leit gholfn. Auch als Seelsorger. Weil er gholfen hat , konnt er sich a auf viele verlassn.
Puchner: Wie wars eigentlich beim Ministrieren mit erm?
Specht: Normal warn wir zwei Ministranten, sonntags beim Hochamt sinds fünfe gwesen, wenn a Rauchamt dabei war. Damals warns ja lateinische Messen. Da war die Monstranz ausgesetzt gewesen, da waren wir oft sieben Ministranten. Die mussten ja geschult sein. Sein Ministrantenunterricht, den hat er regelmäßig gemacht. Da hat er großen Wert draufgelegt. Die Kleidung, die Wäsche, die hat die Mesnerin sauber gehalten. A Mesnerfamilie ham wir immer gehabt. Da war die Frau auch mit beschäftigt. Altarschmuck, Läuten – da hats ja no kein elektrisches Läuten geben – da hat mer immer Kinder beigezogen. Früher sogar hat die Cousine vom Pfarrer und a jüngere Köchin beim Läuten gholfen. Wir Kinder ham beim Gebetläuten hamm gmüsst! Da hat mer halt gern helft Gebetläuten – un fünf Minuten rausschinden könna. Weil mer da no net hammbraucht hat. In der katholischen Kirche ist sehr viel Zeremonie, vorm Konzil noch viel stärker!
Puchner: Der Wimmer, der andere Bildhauerprofessor, hat gesagt, der größte Fehler der Kirche war, dass sie die lateinische Sprache weggenommen haben. Weil sie weltumspannend war. Weil se des net greißlich anhört, wenn in Schwaben oder in Sachsen a Pfarrer a Mess liest. Is ja net zum Aushalten. A Sachse!
(Beide wiehern vor sich hin.Und Specht wird dann ganz plötzlich tiefernst.)
Specht: Vom Gregor seim Tod weiß i bloß, wie er in der Mariahilf-Kapelle aufgebahrt war, eine Gruftkapelle is die ... un dann seine Beerdigung. I waß bloß no: Der Gregor war ein Hüne von am Mannsbild, aber wie er im Sarg drinn glegen is, da war er grad no so viel (legt seine zwei Hände kurz auseinander). Der Sarg war offen, sein Ordenshabit hat er anghabt, sein Benediktinerhabit. Er is am 20. April 67 gstorbn. Er war im Januar davor noch im Römischen Kaiser. Da is der Grüll-Bürgermeister von der Rathaustreppen runterkäma, und da hat er vom Römischen runtergschriea: „Fraaanz!“
Da war er no so mächtig in seiner Stimme. Da hat er ja grad die Hedwigskirch in Markt Berolzheim fertig gmacht ghabt. Und im April war er tot.

Puchner: Hat die Hedwigskirche der Branca gebaut? Der Freiherr von Branca war ja bei uns an der Akademie als Lehrbeauftragter. Er war ein bedeutender Mann.
Specht (zuckt mit den Schultern): Na, ich glaub, welche von Ingolstadt.
Beim Bau unserer evangelischen Kirche soll ja zerst der Branca auch einen Plan gmacht ham. Aber der evangelischen Leitung in München war des zu wuchtig und zu groß. Nachdem so wenig evangelische Familien in Ellingen wohnen und des a katholisch geprägter Ort is. Der Bestelmeyer aber hat sie vor 75 Jahr gmacht (1925).
Puchner: Dem is erst der Turm eingfallen. Ich hab nachher die Altarwand neu gemacht, rechts und links Assistenzfiguren, in die Mittn das Kreuz nei, neue Kanzel und so weiter ... Der Schorer hat dann das Kruzifix angfangt und am Fronleichnamstag – dös weiß i noch gut – weil da die Protestanten nichts zum tua ham, aber die Katholischen feiern und lafa und tun, hat der Pfarrer Bösenecker zu uns gsagt, er kommt zum Schorer ins Atelier und schaut den Christus an. Ein überlebensgroßes Modell in Gips hat der Schorer ghabt – und ein Aktmodell hat der Schorer auch ghabt. Wegen der Überschneidung (zeigt auf die Achselhöhle) hat der Schorer ein Modell gebraucht. Wie der also in Gips war, sin die evangelischen Kirchenräte und der Pfarrer gekommen un ham den Christus angschaut. Da gibts folgenden Diskurs – i war selbst dabei. I hab no vorher zum Schorer gsagt: Pass auf, i geh in die Bibliothek und hol romanische Christusabbildungen – Kupfertiefdruck – ohne Bart. Die hab i dann so aufgelegt, die hab i so auf einer Schnitzbank ausgebreitet. Jetzt kamen die Burschen daher. Gleich ham wir gsehn, der passt erna net. Wie die scho gschaut ham! Jetzt hat der Pfarrer gsagt: „Ja Herr Professor, unser Herr Jesus hat doch einen Bart gehabt." Hat der Schorer gsagt: „Ja, woher wissns des überhaupt?"
Der Schorer hat den Pfarrer richtig provoziert. Ja so und so, hat der Pfarrer gsagt und hat si gwunden. „Schauens her...", hab i zum Pfarrer gsagt; „schauens her, des sin alles Christusköpf, die ham alle keinen Bart ghabt." Hat der Pfarrer gsagt: „Ja so modern wolln wirs ja net!" Sag i: „Ja, die sin ja über tausend Jahr alt, die Köpf."
Also passt hats erna gar net. Jetzt kam uns der Griebel dazwischen. Der hat an Gobelin gemacht, an Schmerzensmann. Den Gobelin hams dann gewebt in der Manufaktur – die ham sowieso nix zum Tuern ghabt – und der Fritze, so ham wir den Praesidenten gnennt, Professor Griebel, der hat den in die Kirchn neihänga lassn. Die

Leit solln sich daran gewöhnen, hat er gsagt. Wie der drinnghängt war, hat der Wilhelm – der Malerprofessor – der war der Gegenpart, und der bessere war er auch, die besten Schüler hat der Wilhelm ghabt, der is dann mit seine Leit und andere naufganga in die Kirchn, um den Gobelin vom Griebel anzuschauen. Also, die halbe Akademie war dort gwen. Der Wilhelm fing an, den Christus zu erklären: „Das ist kein Schmerzensmann, das is ein Zwetschgenmann, weil er anatomisch vollkommen verbaut war. Der Zwetschgenmann, des war tödlich. Den hams wieder raustun müssn, weil die ganze Gemeinde gewusst hat: Zwetschgenman statt Schmerzensmann.
Dann kamen wir wieder zum Zug. Die Fürstin hat die Linde gestiftet. Eine Linde, aufgeschnitten, schön im Holzhof hinten aufgebaut. Trotzdem war alles so kritisch. Ja, Herrgott, ham mir denkt, des wird nix mehr. Der Pfarrer aber wollte immer kommen und den Christus anschauen. Der Schorer aber hat zwei oder drei Jahr sein Atelier zugesperrt. Wer rein wollte, hat das Klopfzeichen des englischen Senders im Krieg benutzt, nur dem hat der Schorer aufgesperrt. Mir sin oft drinngsessen un ham an Kaffee trunka zwischen Gips, Hammer und Werkzeug – ein Verhau. Und da hats klopft. Ganz zaghaft, wie mer halt klopft. Glei hat der Schorer gsagt: Des is der Saupfaff. Den hat er net neilassen. Mir ham uns dann staadt ghalten, un dann is der von selber wieder ganga. Drei Jahre lang ist der nicht ins Atelier gekommen! Der Schorer aber hat immer weitergearbeitet. Dann hab i gsagt: Weißt, was wir jetzt tern? Jetzt hol mer bei der Nacht vom Holzhof die Linde. Denn wenns di nausschmeißn, dass du wenigstens die Linde hast. Wennst nimmer drankommst, wir holn die Linde ab.
Das ham überhaupt kane zwei Leit gspannt, dass die Linde nimmer da is. Des war doch so a Saustall, da hat sie kaner um was kümmert. Im Atelier hat er dann die Linde aufbaut, so aufgespannt, dass sie trocknet. Dann kam der Pfarrer Kreutz, der Phillip Kreutz, anstelle vom Bösenecker. Und der war begeistert vom Schorer.
Da ham der Schorer und i grad das Denkmal für Gunzenhausen gemacht, diesen Schrein für die gefallenen Landwirtschaftsschüler. Relief außen, hat ausgschaut wie ein Altarschrein, apokalyptische Reiter. Das hat der Schorer grad gemacht, wie der Pfarrer Kreutz komma is. Der hat ja auch gedichtet, später hat der Schorer ihn porträtiert: in Terrakotta. Hat ja einen schönen Kopf ghabt. Ein toller Kerl war des. Halt a halberter Russ! Seine Frau war eine Polin, die hat kaum Deitsch kenna, seine Söhne ham net gspurt, seine Tochter hieß Euphrosiene, des wois i no.

Der Schorer hat den Christus dann fertig gschnitzt, und dann kam der bekannteste Fassmaler, den es überhaupt gibt, der Toni Roth aus München, Professor Toni Roth, Vorstand des Doerner Instituts. Der hat den Christus gefasst in Eitempera, im Atelier vom Schorer, so dass das Naturholz noch zur Geltung kommt. ‚Der große Gott von Altenfurt' ist auch in Eitempera gefast. Romanisch...
Dann hat der Schorer ihm noch die Dornenkrone aufgsetzt. Fertig!
Dann ham wir den Christus überführt in die evangelische Kirche – auf einem Leiterwagen mit Pferden. Hinten lag der Christus drauf und das Kreuz, un die Dornenkrone hams hintennach tragn, da hams so eine Prozession gemacht ... jeder der vorbeikam hat's gesehn. Und der Kaplan Schneid war auch dabei. Und in der Kirch drinn hat er auch mitaufghängt. Mit dem Kreutz hat ers auch verstanden, mit dem Pfarrer. Das ist hochinteressant. Er hat die Ökumene vorausgenommen! Kreutz und Schneid sind gut miteinander ausgekommen. Du musst denken, der katholische Pfarrer hängt in der evangelischen Kirche mit uns zusammen ein Kreuz auf – damals! Ich hab die Proportionen bestimmt, wo der Flaschenzug hinkommt, der Schneid hat scho auch mitbestimmt. Er wollte einfach sehn, wie das gemacht wird. Er war künstlerisch hoch interessiert.
Der Schneid hat auch Schuld, dass der Schorer seine Frau kennengelernt hat. Sie hat ja eine Gesangsausbildung ghabt, sie hat beim Schneid in der Kirche gesungen, er hat nämlich rauskriegt, dass sie eine Ausbildung hatte. Und der Schorer eine Musikausbildung – seine Mutter war Klavierlehrerin – gehabt und Orgel gespielt. Dann hat der Schneid noch andere Ehen gestiftet.
Die schönste Gschicht vom Kaplan is für mi die, wie er den Hornstein alle Jahr in die Sonna glegt und abbürschtelt hat, halt trockenglegt. Da hat er den Hornstein raus aus seim Sarg und oben aufn Friedhof hinglegt auf an Schragn, und dann sin d Schulkinder kämma. Denna hat er erklärt, wer des is und so weiter. Des Schwert hat er Mittag zum Essen mit hoamgnomma, weil sonst hättns earm's klaut. Den Totn hat er linglassn, un des Schwert hat er doahoam ghabt, in der Wohnküch. I bin amol zu erm naufkämma, da hat er in der Küch a Kanapee ghabt, da sin alle Puttn, die runtergfalln warn in der Kirch, die san da draufgsessn. Die hat er da hingestellt ghabt. Da kann i mi no gut erinnern.
Specht: A Glück für Ellingen, dass mer so an Mann ghabt ham in so aner Stund. A Glück, dass mer die Akademie ghabt ham, wegn dem Wiederaufbau – un dann so a Mann wie der Gregor. Unser SA-Ortsgruppenleiter, der hätt ja die Kirchn sprenga wolln. Der hat sich mit seiner Geliebten zammtan; sei Frau hat in der Woh-

nung mit dabei gwohnt. Dann hat er a Jagdhaus ghabt, da war er Pächter. Der hat gmoant, der kann si dort versteckn, bis der gräiste Rummel rum is... Aber die Bauern ham ern scho verratn ghabt. In dem Vakuum, wie die SS fort war, und die Amerikaner reikomma sind ... ka Viertelstund.

Puchner: Erinnern Sie sich an unseren Vogelstein? Der Vogelstein war Blutordensträger, der war beim Hitlerputsch schon in der Feldherrnhalle im November 23 Fahnenträger vom Bund Oberland. Er hat in Weilheim a Gärtnerei ghabt. Er hat er mir selber erzählt. Die schönste Gschicht is die, wie der Vogelstein beim Putsch im Bürgerbräukeller is – beim Attentat is er dabeigwen – hat er gsagt, da sitzt er da und es is erm vom Maßkrug grad no der Henkel überblieben, den Krug hams erm weggschossn. Wir sin ja viel mitm Vogelstein zusammen gwesen, er war ja Hausmoaster bei uns. Einer seiner Vorfahren hat dem August dem Starken in Dresden zu Pillnitz das Schloss ausgmalt. An der Elbe, ein Sommerschloss. Dafür ist er geadelt worden von dem sächsischen König. Der Vogelstein hat a so schöne Sachn erzählt. Da is er amoi bsoffn gwesen; er is hoamkämma, bsoffn, er hat a gläserne Nachttischlampen ghabt, da hat er si neighockt, dann hat er die Scherbn im Hintern ghabt. Am andern Tag is unten des Blut rausglaufn, am Bett. Hat er gsagt: Ja Herrgott, was isn da los? Er hat gar net gmerkt, dass er die Glaslampen... (unbandiges Gelächter...) Mei, der war beienand. Herrlich! Der war einfach herrlich! Ein Original. (Größeres Lob gab es bei Puchner nicht.)

Das Schloss hats ja nicht getroffen. Die ham sicher gewusst, das ist ein Vorratslager dort. Ich glaub scho, dass die Ellinger selber davon gwusst ham. Die ham ja die Lieferungen gesehen. Und da muss wer dagwen sein, der ois bewacht hat. Aber das Rathaus hats troffen. Im Westflügel vom Schloss wohnt die Baronin heut. Im Ostflügel hat der Kö seinen roten Salon als Atelier gehabt, der Grafiker Max Körner – das war ein Audienzsaal. Und wie ich ihn das erste Mal getroffen hab – er hat mich ja naufbestellt, mit ihm zu reden, nachdem sie mich ausgesucht hatten vom Ministerium aus –, bin i nauf gfahrn zu ihm nach Ellingen, da hat er an der Staffelei gmalt, so still, in dieser Umgebung, es war phantastisch. Und auf dem Schlossfenster außen hat er Tabakblätter trocknet, aufgehängt hat er sie, die hat er selber anbaut ghabt. Pfeife hat er graucht. Dann hab i gesagt zu ihm, weil das doch dem Wollermann seine Stelle war, an die ich jetzt kommen sollte, i will aber net den Mann vertreiben. Mir wars ja damals ganz wurscht, ob i nach Ellingen komm oder net, das war ja eine furchtbare Zeit damals. Da

hat er gsagt: „Seien Sie ruhig egoistisch..." Er war ja ein Schwabe. Ja, dann bin i halt kämma. Dann hat er noch gsagt, es sin so viel Mädchen in der Klasse, er kann sich nemmer helfa, er versteht nix vom Korrigieren, er hat ja auch die Innenarchitekten korrigiert. Dann hat er gsacht, er wär so furchtbar froh, wenn i sofort kämma tat. Der Kö war ein guter Grafiker, er hat auch mit KÖ signiert, er hatte ja noch nichts mit Fotografie im Sinn gehabt, er hat alles selber gemacht, bei ihm war der Heinz Schillinger Schüler. (Der spätere Akademieprofessor Heinz Schillinger hat zwischen 1962 und 2008 fast 400 Gestaltungswettbewerbe für Briefmarken der Deutschen Bundespost und später des Bundesministerium für Finanzen gewonnen und ist als „Briefmarkenpapst" bekannt wurde.). Als der die Aufnahmeprüfung gemacht hat, war ich schon bei der Beurteilung dabei. Und da hat der Kö gsagt, das ist der Gärtnersbub aus meiner Nürnberger Nachbarschaft, un den möcht er unbedingt ham, weil er so begabt ist. So ist der Heinz nach Elingen gekommen.
Beim Baron Reitzenstein in Nürnberg hat dem Heinz seine Familie im Gärtnershaus gewohnt. Der Vater hat den Park als Gärtner gepflegt, und der Heinz hat damals gelernt im Sebaldus-Verlag, und da ist der Kö schon aufmerksam geworden auf ihn.
Im Schloss hat ich zuerst vorne unten ein Atelier, dann im 2. Stock neben dem Festsaal, neben der Aula. Da ham wir nur die Tür aufgmacht und das Klavier von der Fürstin rein geholt. Da war so ein dicker Eisenbalken drinn, den ham wir ausgehoben und den Flügel reingeschoben und in der Früh wieder nausgschobn. Und der Schorer hat gespielt...
Mein Klasse aber war im Westen. Da wo die Baronin heut wohnt, war nix drinn gewesen, höchstens einer von der Verwaltung.
(Beide hängen auf einmal lange ihren Erinnerungen nach. Schweigend. Specht sagt nur manchmal „...der Kaplan", behält aber dann für sich, worüber er gerade geschmunzelt hat. Professor Puchner scheint sich ganz an seine Akademiezeiterinnerungen zu verlieren.)
Bei uns an der Akademie war auch der Rieder Max, der Gipsgießer als Fachlehrer, der kam von München. Sein Bruder war auch an der Münchner Akademie. Der Maxe war der Ältere, er war im Ersten Weltkrieg verwundet worden, er war bei den Leibregimentern, war a mords Mannsbild, a Riesentrumm, der hat dem Kaplan a Gesichtsmaske gemacht – aber er war Atheist! An Fronleichnam san die Katholischen umanand ganga. Am Schloss war auch a Altar grad beim Rieder Max sein Fenster. Da hat der rausgschaut,

und er hat gsagt: Die größten Banditen, die größten Schlawiner, grad die tragen den Himmel.
Der Rieder Maxe war unbandig, das ist der, der die Geschichte erzählt hat: Der Bildhauerprofessor von Rümann von der Akademie München hat grad an einer großen Löwenskulptur garbert un dazu an richtigen Löwen braucht. Der war in seinm Atelier untergebracht.
Jeden Tag hat er den Rieder Maxe gfragt in der Früh: „Hat der Löwe schon zu fressen bekommen?“ Denn der Rieder Maxe war Lehrbub beim Gipsgießer, der grad einen Vertrag hatte, an der Akademie zwei Jahre, da war er Lehrling bei dem Gipsformator, und da warn Gselln da. Etzt hams den Löwenkäfig drinn ghabt, den der Hagenbeck extra aufgschtellt hat, und die Gipsgießer ham den Löwen futtern müssen. Früh is a Pferdefuhrwerk kämma und hats Fleisch abgladen. Da ham die Gipsgießer gsagt, halt amol, schneid mer zuerst amol das Beste weg und macha a Gulasch davon! Also hams Pferdegulasch gmacht.
Sie hams Pferdegulasch gessn und dem Löwen hams die Boaner nei, die Flaxn und des Glump. Ach dieser Rieder Max als Lehrbua.
„Hat der Caesar schon zu fressen bekommen?“
„Jawoll, Herr Professor... Kloar...“
Aber a jeder Künstler hat ja auch Feinde. Die ham den Rümann in der Nacht angrufen un gsagt, der Löwe is auskomma und hat in der Türkenstraße vier Leit zerrissn. Jetzt is der aufgstanden und davo ins Atelier und grennt, und die Polizei hat er alarmiert. Und wie er ins Atelier kämma is, is der Löwe im Käfig drinn.
(Wieder langes Gelächter...)
Dem Kaplan wars ja wurscht, ob de Rieder Max a Kommunist war. Der Kaplan hat ihn einfach braucht beim Gipsgießen – bei seinen Kirchenbauten.
Amol hat er vom Kaplan a Maske gmacht und dabei hat er die Nasenlöcher zuglassen, dass der ka Luft kriegt hat. „Aber der hat vielleicht gschnauft...“, hat der Maxe später gsagt.Und dann hat er erst aufgmacht, wie der Kaplan schon am Ersticka war. Des hat der Kommunist mit Fleiß dan. Eigentlich tuns in die Nasen Röhren nei, Glasröhren, und dann macht ma erst die Maske, sonst kriegt doch der ka Luft. Lebendmaske hat er gemacht: Kaplankopf!
Vor dem Ersten Weltkrieg war der Rieder Maxe also Lehrbua beim Wilhelm von Rümann, dem Akademieprofessor für Bildhauerei, in München.

Da war auch der Bernhard Bleeker, der spätere berühmte Bildhauer in der Nazizeit. Die Nazi ham ern sehr mögn. Aber deswegn weiß mer heut so gar nix mehr von erm.
Jetzt hat der Rümann den Auftrag bekommen, zwei Löwenplastiken für die Feldherrenhalle zu schaffen. Löwen aus Stein, die hat der Bleeker rausgehaut, der war beim Rümann als Schüler und er war so begabt.
Der Rümann war ja Professor, er kam im Samtjackett, wie halt a Professor kam – damals. War kein Vergleich zu uns, wir warn ja Proleten dagegen. Wie die gelebt ham und gearbeitet. Mei...
Der Rümann ist ins Atelier, und da hams einen Löwen aufgebaut, da hat er erst ein Modell gehabt, und da hat er sich in einen Clubsessel hineingesetzt und hat gesagt: Der Löwe ist zu kurz, der hat so korrigiert. Der hat seine Schüler oder wer da gearbeitet hat, so korrigiert.
Und da war der Bleeker, als der begabteste Hund, der hat die Löwen eigentlich gemacht. Die Löwen für die Feldherrnhalle. Überhaupt. In der Feldherrnhalle steht der Wrede, der Feldmarschall, und der Tilly.
Der Bleeker, der später der Bildhauerprofessor an der Akademie war, der Lehrer von Wimmer und Schorer, die ja beide dann Bildhauerprofessoren bei uns in Ellingen gworden sind, der hat beim Rümann angfangt.
Und der ist ja mit 28 Jahren Professor geworden, dann hams ihn wieder nausgschmissn, weil jeder gsagt hat, das geht doch net, 28 Jahr, wo gibts denn des. Damals hat einer schon was hinter sich haben müssen. Dann is er mit 29 wiederkomma – ganz wurscht – er war nimmer zu übersehen.
Er hat den Prinzregenten modelliert in liegender Pose, in so einer Recamiere drinn, mit wallendem Gewand. Der Prinzregent kam zu ihm ins Atelier. Er hat in Nymphenburg a Atelier ghabt, mit einem Vorraum, da war a Aff drin, in einem Käfig. Und ausgerechnet am Neujahrsmorgen – der Bleeker war an Silvester richtig saufn gewesen – lässt sich der Prinzregent melden. Der Bleeker war total kaputt, viel zu wenig Schlaf. Jetzt is er schnell aufgestanden; und der Adjudant, wie's rein sin am Aff vorbei, langt der raus und reißt ihm den Federbusch von seinem Helm weg. Die Federn hat der Aff erm nimmer geben. Da konnt der Rümann a nix mehr macha, es war erm auch scheißegal. Der Prinzregent is dann komma. Der Bleeker hat ja vorbereitet, genau den Stand der Füße angezeichnet, und einen Sessel hams hergrichtet.

Und der Professor hat dann hinter dem Modell vorgschaut, das er scho angfangen hat, und dann hat er gsehn, dass der Prinzregent eingschlafen is. Da hat er hinter dem Modell auch gschlafen. Alle zwoa hams gschlaffn. Und dann is der Prinzregent aufkämma: „Sehn Sie, Herr Professor...“, hat er gsagt, „.. jetzt haben wir doch eine Stunde gearbeitet!“ Dabei hat er gar nix do.
Das hat der Bleeker erzählt, da war ich selber dabei.
Der Rümann hat ihn amol aufgefordert, eine Skulptur von erm zu kritisieren. Was der dann do hat. Daraufhin hat der Rümann ihn aus dem Atelier gschmissen. Aber dann hat er ihn wieder gholt. Und hat ihn sogar die Gewandteile der Skulptur, also den Faltenwurf, korrigieren lassn.
Zu dem Fünfundsiebzigsten vom Bleeker war ich eingeladen. Der Schorer, der Wimmer war da, der Röschwigg, der Vogl Hansi, die ganze Bildhauergesellschaft war da. Und die Frau von dem Bildhauer Fredericksen, die gsagt hat, sie will unbedingt Schülerin bei ihm werden, dem Bleeker.
„Großer Meister!“, hats gsagt. Und er, er hat so a Fistelstimme ghabt: „Ja das geht nicht, ich nehme nur Schülerinnen bis 18!“ Das was ein Krüppel, mein lieber Schwan!
Der Rümann hat sich dann gerächt wegen der Löwengschicht. Er hat sich a Jahr Zeit lassen, dann hat er sich a Rache ausgedacht. Und zwar hat er Briefköpfe drucka lassn mit Krone von den Reichsgrafen Schaffgotsch und hat dem Bleeker einen Brief gschrieben, dass er ein Monumentalgrabmal für seine Großmutter braucht, für d' Großmutter ausgerechnet! Und hat ihm gsagt, an dem und dem Tag wird er empfangen vom Graf, der sitzt im Hotel Continental, das gibts ja no, wegen Verhandlungen des Auftrags, an Riesenauftrag. Jetzt kam der angebraust im Continental, ganz vornehm im Gehrock, fein beinander. Die anderen waren versteckt in der Halle und ham da zugschaut. Da hat der oberste Portier gsagt: „Ja, ich weiß gar nicht, dass Erlaucht momentan Gast ist bei uns...“ Ja, hat der Bleeker gsagt, das gibts doch net, i hab an Brief, der hat mi bestellt, ja das gibts do net, der muss da sei...
Na hams nachgfragt: Ja, der ist nicht da!
Und wie er da so rumgeistert hat, da san die rauskämma aus ihren Verstecke. Jetzt war er der Blamierte.
(Jetzt wiedermal ganz professoral:) Ach wenns diese Künstler nicht gäbe, wäre die Welt doch arm.
Specht: Ja hat denn der R...?, er hat doch gar nichts mit dem Gregor zu tun.

Puchner: Überhaupt nichts. Auch der Wimmer, da er nie da war, hat auch er keinen Kontakt zum Schneid gehabt. Obwohl der Wimmer von der katholischen Seite her eher Verbindung gehabt hätt. Der Schorer war ja Schopenhauerianer, der hat mit die Pfaffen nix am Hut ghabt, obwohl er die Orgel gespielt hat, weil der Kaplan ihn soweit gebracht hat.
Und wenn ich an die Studenten denk! Romeo und Julia war bei uns ein Liebespaar, zwei ganz junge reizende Leutchen: sie ganz zierlich und er so ein richtiger Jüngling; der Körner hat sie „Romeo und Julia" genannt, er hat ja sämtliche Spitznamen erfunden, er war humoristisch und erfinderisch in dieser Richtung. Auch sie hatten nix mit dem Kaplan zu tun.
Aber: Die Suttner-Frau, die hat für den Schneid den Hornstein gemalt, die hat den Suttner geheiratet, einen Maler und Grafiker, ein sehr feiner Kerl, der ist aber schon gestorben. Sie hieß Jackson oder so, sie kam aus Düsseldorf. Sie war ganz gut, sie war bei der Göcke. Die hat den Hornstein nach ihrer Vorstellung gemalt, der Kaplan kann der Anlass gewesen sein dazu.
Meine Beziehung zu ihm war das Kaplanhaus. Wie ich dazu kam, wois i selber nimmer. Halt, wir ham einen Wettbewerb gemacht von dem Platz, da ham wir für die Regierung den Wettbewerb gemacht und die Klasse Ruf auch.
Und wir ham den 1. Preis gemacht. Mei, der Ruf hat a Wut auf uns ghabt, der Kern Karl hat den 1. Preis gehabt: die Platzbebauung neben der Kirche, Kolpinghaus und Kaplanhaus, Platz mit Brunnen. I hab natürlich auch mitgemacht. Die Lehrer durften korrigieren, und wir ham den Preis gekriegt.
Der Sepp Ruf is extra da für Hochbau. Und wir für den Innenausbau ham den Preis gekriegt. Wir ham uns halt auf die Ellinger eingestimmt, ham das Kaplanhaus so fränkisch geplant, genau nach den Giebeln der Ellinger Häuser ausgerichtet. Wir wollten auf die Proportionen der Ellinger Bauweise eingehen, während das dem Sepp Ruf scheißegal war. 1946/47. Der Kaplan hat innen dann gemacht, was er mögen hat.
Er wollte wie ein Mönch leben. Ich hab sein Studierzimmer im Entwurf gemacht. Den hat er aber nicht gewollt. Den hab ich noch Rundkamin mit Ohrbackensessel mit Blumen drauf...
Den Gruppenaum für die Jugend, den hab ich auch gemacht. Als Klassenaufgabe halt... Der Kaplan hätts gar nicht machen können wegen der Kosten und vielleicht hats ihm auch gar net so passt, mir ham halt daraus Aufgaben gemacht.
Ach ich wüßt soviel Gschichten von den Künstlern...

Hans Haberkern erinnert sich

Eine warme, große Freundschaft verband Gregor Schneid mit Hans Haberkern – und mit Wally Wallenberger.
Haberkern: Die Wally hat wirklich viel mitgemacht mit ihm. Wenns an sei Grab kommen is, is immer noch an Sprung zu uns herkommen. Der Tod von Schneid is ihr so nahe gegangen. Diesen Tod hat sie nie verwunden.
Der Gregor war natürlich auch sehr streng zu ihr. Wir sind öfters mal ins Opernhaus gefahrn nach Nürnberg: Freischütz, auch Operetten. In den 50-er, 60-er Jahren war so eine Omnibusfahrt mit dem Volksbildungswerk. Da hab ich öfters gesagt: Die Wally fährt auch mit. Schneid: Die Wally fährt net mit...
Aber die anderen Theaterspielerinnen, die Rosi und die andern, die ham mitderft; die Wally hat net mitderft. Da bin ich amol so sauer worn. Das wollte er nicht, dass sei Köchin da mitgeht. Den hams amol, wie er in Spalt war, da hat er so a junge Köchin gehabt, da hat man immer amol so läuten hörn, da hams ihn allerhand Sachen nachgsagt.
Da hat er dann die Mohr Johanna ghabt, mit der is er aus Spalt kommen. Und die Johanna, so a Schwarzerle, sie is a scho gstorbn, sie hat die Osteoporose kriegt und war in Ellingen daglegen, im Altersheim im Gipsbett. Dann kam die Wally. Er is gern deswegn aus Spalt wegganga und nach Ellingen hat er sich gemeldet und da hat er die kaputte Kirch gsehn. Er hat ja geschuftet wie ein Berserker.
Da hat er auch einen Freundeskreis ghabt, einmal in der Akademie, wo er Verbindung hatte, dann mit dem Mangold aus Pappenheim, dem Malerprofessor. Da war er ja oft, das hat er alles mitm Fahrrad gmacht. Fahrrad und sein Paletot. Wie ich dann a Auto ghabt hab und auch der Völkl, da ham wir ihn scho ab und zu gfahrn.
Dann ging er nach St. Ottilien, da hab ich ihn hingfahrn, mei Resi mit. Und dann ham wir ihn auch wieder geholt; da war der Gregor geknickt. Er wollte ja eigentlich in die Mission, von vornherein. Dann hat er doch diese Magenoperation gehabt, und mit die Augn war auch was. Und wie in Ellingen an Weihnachten die Kirch eingeweiht war, hat er gsagt: „Jetzt geh i, jetzt bin i fertig, jetzt geh i nach Ottilien. Ich hab Aussichten, dass ich doch noch in die Mission darf." Und ein Grund noch, wenn auch nicht der Hauptgrund, er hat sich ja mit dem Sangl nicht verstanden. Mit dem Pfarrer Schuster hat er sich blendend verstanden. Aber der is im Pfarrers-

tausch nach Ingolstadt, weil er meinte, er wird Domkapellmeister, er war a großer Musiker. Nach Eichstätt als Domkapellmeister is er net komma, dann war in Ingolstadt die Stelle an der großen Pfarrkirche frei mit Kirchenchor usw. Dann hat er das genommen, und damit hat er den Sangl nach Ellingen gebracht. Wir hatten einen Geistlichen Rat, der is am 23. Februar beim Angriff umkomma, und der Kaplan Schuster, der is dann Pfarrer wordn. Und dann hat sich der Gregor als sein Kaplan gemeldet. Wie ich 45 im Juli vom Krieg heimkommen bin, war der Gregor schon da. Es war ja das Pfarrhaus kaputt und das Kaplanhaus. In der Lehrerwohnung hat der Pfarrer gewohnt, und der Kaplan im Altersheim. In zwei Zimmer. Er is aus Spalt weg wegen einer aus Hagsbronn. Er hat mir alles erzählt, aber die Geschichte nicht.
Mein Vater war Hopfenfachwart, wir hatten selber große Hopfengärten, den hab ich öfters zu Versammlungen nach Spalt gfahrn, da hat mich amol a Bauer angesprochen: Na was macht denn euer Schneid, euer schneidiger Kaplan. Da ham die halt so Bemerkungen fallen lassen.
Aber diese Frau ist in seinem Leben nie mehr aufgetaucht. Der Zölibat, ja mei!
Ich bin ja auch mit dem Dekan Römstöck eng befreundet, war mal drei Jahr lang Dekanatsvorsitzender im Pfarrgemeinderat, da haben wir auch übern Zölibat gesprochen. Der geht natürlich davon aus: Wir haben bei der Priesterweihe dieses Wort gegeben, für uns geht da sowieso nichts mehr (Gelächter). Aber die jungen Kapläne: Wenn einer seine Mutter oder seine Schwester im Haushalt hat, dann gehts no besser. Aber wenn net, des sind doch arme Hund. Da gibts nette Lehrerinnen und Religionspädagoginnen und und und. Wenn ich bloß denk, was der Gregor für die Jugend getan hat, der hat die Madli gschminkt, der hat ja alles gmacht. Nach Spalt is nichts mehr gewesen. Es muss ja auch dort gar net allzuviel gewesen sein, Gott, wenn ich denk, wie der Gregor bei uns Theater gspielt hat oder auf die Bäll war, er war auf alle Bäll und hat sei Nosn aufgsetzt und sei Hütla. Getanzt hat er net, aber gsunga, un Schnaderhüpferla mit der Gitarre vorgetragen, da hat man schon meinen können, er hätt Mädle ganz gern gsehn...
Aber wahrscheinlich hams ihm die Frauen auch leicht gemacht. Eeeben! Da gabs eine Schlossermeistersgattin, die is ihm so nachglaufen, dass er zu mir komma is und gsagt hat: „Großer, geh mit, geh mit, ich geh zu der nimmer nauf. Wegn sein Fahrrad hat er dahin müssn. Die kommt halb angezogn daher. Da gabs auch noch eine Weißenburgerin, eine stadtbekannte – vor dem Krieg schon –

die legns drauf an, um an Pfarrer rumzubringen. Und grad wenns aus Spalt bekannt war, da ham die gedacht, da könnt was wern. Und obendrein kommt man leichter in einen zweiten Verdacht. Er war ein stattliches Mannsbild, war groß, kräftig und vor allem sehr intelligent und wirklich auch ein Künstler. Alles was der angfasst... Amol war der „Jedermann" im Schlosshof. In Dettenheim hat er amol einen nachts um 11 Uhr noch rausgholt ausm Bett, der war bei mir Schreiner und nach dem Krieg als Müller auf der Zollmühl. Zu dem hat er gsagt: „Das muss auf jeden Fall fertig werden" – es is aber bei mir in der Werkstatt net fertig gwordn –, da is er abends um neune kommen und hat gesagt: „Großer, was isn mit dem Portal? Is des fertig?"
„Na, der Michel hat des nimmer ogschlagn."
„Des muss morgn früh nüber, der kommt mitm Bulldog und holt des, und des muuuß morgn früh fertig sein."
Da sag ich: „Da musst zum Krach Michel gehn und musstn holn."
Da is er nüber un hat den Krach Michel ausm Bett ghaut, un dann hams des Tor angschlagen. Um 4 Uhr früh sans fertig worn, hat mei Schwiegermutter gsagt, dann is er mitm Bulldog komma, der Bürgermeister Roth von Dettenheim, und hat das Kirchenportal, das heut noch dortsteht in Dettenheim, gesetzt. So ein Gwaltiger war er... Wenn ers anders gemacht hätt, hätt er des alles net gschafft.
Er war in jedem Verein. In der Harmonie, dann ham wir den Gsellen-Verein gegründet ... 47 schon, ich musste den Senior machen, damals hab ich schon ein Motorrad ghabt. Da hab ich ihn halt oft gschwind fahren müssen. In jedem Verein hat man natürlich einen Jahresausflug gemacht, sonst ham wir ja nix ghabt, kein Fernseher, grad an Radio. O diese Fernseher, das is ja das größte Gift...
Vom Angriff am 23. Februar weiß ich gar nichts. Ich bin am 8. Juli heimgekommen, vom Güterwagen runtergesprungen in Pleinfeld und bin die Mühlstraß rauf. Jeder is mir ausm Weg gangen bis auf'd Rosenbauer Lina beim Bahnwärterhäusla, a Schulfreundin von mir, da is mir die auf amol umn Hals ghängt. Ich hab gsagt: „Wie siehts denn daheim aus?" Ich hab ja überhaupt keine Vorstellung ghabt. Da hat sie gsagt: Jetzt geh nur nei, da siehst es schon. Keiner hat mir was gsagt, bis ich durchs Pleinfelder Tor kommen bin, das stand ja noch. Ich schau so vor und seh, dass meine Lehrwerkstatt, der Schlosser K., nimmer da is. Ja sin denn da Bombn rein? Ja, ja, weißt du das net? Ja dann geh nur vor. Dann bin i vor, da wars Rathauseck weg, der Winckler weg, der Lechner weg. Und dann stand ich vor meinem Elternhaus, des war ein Haufn

Dreck, und der Weizen war so hoch droben. Der is dort aufgangen gewesen. Bis ich mich bsonnen hab, is des wie ein Lauffeuer durchs Dorf: Der Haberkern Hans is hamkomma. Und mein Mutter war am Windhof droben, wo jetzt die Schule is, und hat Kartoffel ghaut. Da hat die natürlich alles weggschmissn und is im Trab runtergrumpelt. Zumal is mer die umn Hals ghängt, da hab i mei Mutter wenigstens ghabt. (Stille)

Mein anderer Bruder war schwer verwundet – der hat heute noch Splitter drinn –, und meinen kleinen Bruder, der Hafnermeister, den hams versteckt. Nach dem Angriff hams ihn, zusammen mit der Großmutter, nach Tiefenbach zu die Verwandten. Sonst hätte der noch Flakhelfer machen müssn. Er war a 29-er Jahrgang, da hättn die den mit 16 Jahr noch gholt.Da hat mein Vater gsagt, i hab jetzt zwei Bubn hergebn, der dritte bleibt mer da!

Dann ham wir als erstes die Scheune aufgebaut, dass mer das Vieh wieder heimbracht hat. Dann hat der Aufbau angfangen. Der Gregor hat mir so manchen Sack Zement gegeben, den er für den Kirchenbau zugeteilt bekommen hat Er hat uns so geholfen, und wir ham ihm gholfen. Ich denk immer noch an diese ganze Aufbauzeit. Amol war er in Amerika drübn. Ich weiß bloß, da is er heimgekommen und hat erzählt: Drüben, da ist eine Cousine oder eine Verwandte von ihm beerdigt worden; die hams vorher zur Schau gestellt. Nicht im Sarg, sondern geschminkt und aufgebaut im Sessel drinn. Das is doch ein Humbug, so was, hat er gsagt, nur um das zu fotografieren. Und dann hams sie sie schon in Sarg neiglegt. Das weiß ich noch, dass er sich da aufgregt hat. Da war er leicht geschockt.

Er war wirklich ein frommer Mann. So hart und robust er war und weltoffen. Aber er war ein 150-prozentiger Katholik. Ich weiß, wie er dann in Dettenheim war, hat er sich sehr gut mit den Protestanten verstanden, aber er hat gesagt, wenn eine Mischehe war: Aber getauft wird euer Kind in meiner Kirch, obwohl sie evangelisch getraut waren. Da war er dann wieder glücklich, dass er das zammbracht hat.

Den Schmitt Hans wollt er ja auch immer bekehren. Der war a Kommunist. Während der Nazizeit hams'n a weng versteckt ghabt, er war ja scho älter: Und nach dem Krieg hat er a Armbindn gekriegt und war a Hilfspolizist – von die Amerikaner.

In Dettenheim – da war ich schon Familiare beim Deutschen Orden mit dem schwarzen Mantele – bei der Einsegnung der Kirche bei der Ansprache hat der Bischof Schröffer gsagt: „Wie ich aber die Kirche gesehen habe und habe diesen sogenannten Volksaltar

entdeckt, da hab ich beide Augen und noch meine Hühneraugen zudrücken müssen..."
Das war überhaupt ein schönes Fest. Im Garten, da ham wir auch seine 25-jährige Primiz gefeiert. Da wollt er unbedingt einen Seitenaltar. In die Kirche hat er ihn net neibracht, das war ja eine Scheune.
Also in eine Scheune wurde reingefahren, das Gras hat man aufgespießt, das ham mir noch machen müssen in meinem Elternhaus, und oben stand die Futterschneidmaschine. Und dann fiel das Futter in die Futterkammer nunter, und nebenan war dann der Stall, da hat man das Futter eingeben, das is das Gobertlouch. Und das war in der Scheune in Dettenheim auch so. Und weil er so keinen Platz net ghabt hat, da ham wir ihm an kleinen Holzaltar aus Andreaskreuzen gemacht, und da droben hat er sei Kirch gehalten, wenn er in der Kirch bloß 4 oder 5 Leutli ghabt hat. Die Mess hat er dann da droben gehalten, Ideen hatte er.
Wie er auf die Gundhildiskirchn komma is, weiß i net ... Aber halt, da sin wir ja schon in seiner Zeit in Dettenheim.
Also Ellingen: Fürstenhaus? Da hat er allen Kindern die Erstkommunion gespendet. Er hat schon einen guten Draht ghabt dorthin. Die Baronin, also die damalige Fürstin, war auf einmal dagstanden allein mit drei kleinen Kindern. Wie die Pfarrkirch kaputt war, war ja die Schlosskirch unsere Kirch. Meine Frau hat eine gute Sopranstimme ghabt, hat dort gesungen. Wir ham auch Konzerte dort gemacht. 55 Jahr im Kirchenchor warn wir beide. Und immer, wenn was gewesen ist, hat der Gregor mei Resi gholt, z. B. zur Erstkommunion. Die Fürsten ham natürlich allans Erstkommunion gefeiert, net mit die anderen Kinder. Und diese jetztige Kaiserliche Hoheit, die in Brüssel is, die Älteste, wir sind zusammen immer ausgeritten, sie hat ja auch da ein Pferd in Ellingen, die wird scho Silberhochzeit gfeiert ham, die is amol in der Früh in Stall kommen, ich hab ja im Schloss meine Pferde ghabt mit dem Buff zusammen. I bin jeden früh nei und am Abend und hab sie gfüttert und auf die Koppel nausglassen. Dann is sie eines schönen Morgens komma und hat gsagt: „Master, jetzt muss ich Ihnen eine Neuigkeit sagen. Sie sollen es als Erster erfahren: Ich heirate." „Waas, Sie heiraten? Mädla, wen denn, den Riegel Klaus?" (Der ist immer mitgritten). Sie lacht herzlich: „Ich heirate und hab schon gleich vier Kinder." (Er erklärt: Den Habsburger hats geheiratet, wo der eine Sohn dann in Brüssel mit dem Fahrrad tötlich verunglückt ist. Dann hat sie aber selber noch Kinder gehabt, eine Katharina. Und diese Katharina is ein Jahr älter als meine Katharina, meine Enkelin.)

Der Gregor Schneid is ja auch geritten. Der hätte gern den Georgi-Ritt aufgezogen. In Spalt machen sie heuer noch so einen Ritt. Für die Altkirchler hat er dort auch immer bei Eis und Schnee Kirch gehalten, hat er oft erzählt, mit dem Reitverein ham wir dann später den Georgiritt aufgezogen.
In Berlin war er auch einmal, in Luckenwalde. Der Fürst ist am 1. Mai 45 verwundet worden und am 3. Mai is er dort gestorbn, und in Luckenwalde hams ihn beerdigt. Da sans schwarz über die Grenz, er mit dem Karl August zusammen – mit einer Fichte im Rucksack sans danüber – weils die aufs Grab pflanzen wollten. Schwarz über die Grenz nach Berlin! Die Baronin, also die Fürstin damals, war ja in einer schwierigen Situation, die Verantwortung, dann is no ausgestohlen worden. Im Stopfenheimer Schloss hat sie mir erzählt, der Schlossbesitzer von dem Schlössla hat an Porzellanteller, an Deutschordensteller, in Nürnberg in einem Antiquitätenladen entdeckt. Des sin gestohlene Teller, wir ham ja im Deutschordensmuseum des ganze Deutschordensgeschirr ausgestellt, das gehört ja dem fürstlichen Haus, die ham des als Leihgabe geben. In Ellingen warn doch auch Stoffe und Schuh und War und Zeig, da is jeder natürlich nei und hat rausgholt, unter anderem auch das Geschirr. Und da is die Baronin, also die Fürstin, hausieren ganga und hat ihr Gschirr und ihr Zeig wieder zammtragen.
Die Frau hat kan leichten Stand net ghabt. In den 60-er Jahrn hat sie dann wieder geheiratet. Immer im Römischen Kaiser ham wir ihr unsere Wünsche vorgetragen – an Fronleichnam nach der Prozession. Sie war immer aufgeschlossen, das muss ich scho sagn. Sie is mit der Kirche verwachsen und mitm Frauenbund. Also ich hab als Bub den alten Füsten noch gekannt. Das war ein freundlicher, leutseliger Mann. Bei der Germania, dem Schützenverein, hat er immer geschossen, er war ja Offizier. Ich hab ihn noch gut in Erinnerung. 1934, wie die 200-Jahr-Feier der St.-Georgs-Kirche war, war a große Parade, vor der Kirche, da is der „Stahlhelm“ vorbeimarschiert, da war er als Hauptmann mit dem Geistlichen Rat auf der Treppe gstanden. Da war ich scho Minisitrant. Es sin so Erinnerungen, die mer als Bub dann mitkriegt.
Er hat immer so an grünen BMW gfahrn, an Jagdwagen, plötzlich hats ghassn: „Der Fürst hat a Braut!“. Die is dann kommen mit einem grauen Ford und rote Lederpolschter, ein tolles Auto. Ihre Schwiegermutter war ja was Besonderes...
„Diese verfluchten Zigaretten“, hats immer gsagt, als die Ami da warn. Wir hatten an Untermieter – Lorenz –, des war a tschechischer Batzi, aus dem is mehr nie net schlau worn, der hat schwarz-

ghandelt auf Teifel komm raus. Die alte Fürstin is kommen, da is er schon gloffn. Die hat ihrn ganzen Schmuck dem rausgetragen, nur wegen die amerikanischen Zigaretten. Mein Lieber! Der Bruder hat sich dann a drum Haus gebaut, Lumperei war das. Der hat meiner Schwiegermutter die Stiefel, die sie auf Bezugsschein gekriegt hat, gestohlen, behaupt ich stur und steif. Die hat der verscherbelt. Der hat Schnaps brennt am Dachboden bei uns, das war ein großer Zigeuner. Die alte Fürstin is mitm Steckn rausgloffen zu uns, und des war a Weg!
„Es ist ja nur wegen dieser verflixten Zigaretten", hats gsagt, sie hat ja a tiefe Stimm ghabt. Die Kippn hats auf der Straß zammglaubt. Mei Vater hatte eine Lähmung und des Rauchen aufghört. Wie er aber auf die amerikanischen Zigaretten komma is, hat er des Rauchen wieder angfangt. Mei Mutter, wenns aufs Feld naus is, hat a die Kippn von die Ami zamklaubt. Die hat der Vater dann in der Pfeiffn graucht.
Dieses Ellingen ... Es is wirklich eine Perle des Barocks: die zweistöckigen Häuser an der Hauptstraßn. Es is a Zusammenhalt innerhalb der Vereine da, und es is ja so, obs a Pfarrer oder a Dokter is, alle wern integriert, und die machen alle mit.
Die Gschicht mit dem Turm, wenns nach Ellingen reinfahrn rechter Hand, der Kolpingsturm, der, wo der Friedhof angrenzt: Der hat doch dem fürstlichen Haus gehört, den hat ma hergricht, der Kaplan hat das arrangiert. Dann hat der Fürst zum 50-jährigen Gründungsfest vom Kolping den Turm der Kolpingsfamilie geschenkt. Da war der Schneid scho tot, ham wir 1967 mit dem Kaplan Vögele, der auch schon tot is, den Wehrgang hergricht und dann den Turm, der is 69 neu gedeckt worden. Der is sehr schön gewordn, aber mit Kolping is jetzt a weng abwärts gangen, es fehlt halt a Kaplan, hängt oft nur an einer anzigen Person, aber jetzt ham wir wieder a paar gute Leut, auch an Schreiner von mir, der sehr aktiv is, und die ham die Toiletten neu gmacht. Dort läuft ja auch die Kaplan-Gregor-Schneid-Straße. „Priester und Künstler Gregor Schneid" steht auf dem Schild.
In dem Pleinfelder Tor war die große Ausstellung „Gregor Schneid". Die Ausstellung besteht noch, aber die Exponate ham wir ja ausgliehen ghabt, die ham wir ja wieder zurückgeben müssn: die Bischofsmitra, die er da entworfen hat, aus Bamberg und so weiter.
Er hat ja auch Messgewänder entworfen, die hat alle die Wally schneidern müssen. Amol hams an Teppich gmacht, in Dettenheim, mit der Frau Vorbeck zusammen.

Der Professor Mangold könnt viele Geschichten erzähln, wenn er no leben tät, was er mitgmacht hat mit dem Gregor. Es war anstrengend mit ihm, weil er gefordert hat. Aber von sich hat er meistens no mehr gefordert. Er hat sich nichts geschenkt! O je. Wenn i an die Ausflüg denk mit der Harmonie ... oder mit Kolping!
Amol warn wir in Kufstein, na ham wir halt dem Rotwein richtig zugschprochen, da hat er ordentlich mitgmacht. Dann hat er gsagt: „Gell, Großer" – amol hat er gsacht Großer, amol Alter, – „aber morgn Früh müssert mer fei ministriern! Gell!" Na ham mer halt den Kopf ind Badwanna neighalten un sin ind Kirch in Kufstein, i hab tatsächlich minischtriert. In Kufstein warn zwei Ellinger Damen, vom Fuhrunternehmer Groß, mit denen ham wir Kontakt ghabt. Dann ham wir Insbruck besucht. Die allerersten Ausflüg aber warn nach Weltenburg. Da hat der Huber an Omnibus ghabt, da warn kane Polstersitz drinn, da warn Holzbänk drinn, auf denen warn mir gsessen. Zuvor ham mer Butter und Eier gsammelt: Naturalien. Dann zu Wallfahrten sin mehr auch amol nach Einsiedeln in der Schweiz; do is mei Schwiegermutter dabei gewesen, da hats no Bohnenkaffee gebn und a Flaschn Rum zum Hamnehmen. Damals warn mer für alles dankbar.
Wallfahrten zu Fuß, da sind vor Himmelfahrt immer die Bitt-Tage gewesen. Ellingen ging ja einmal am Montag nach Stopfenheim, am Dienstag nach Pleinfeld und am Mittwoch nach Otmarsfeld. Es warn immer so Bittprozessionen, so Flurprozessionen, vorm Krieg. Und nach dem Krieg hats sichs verlaufn. Erstmal kannst ja heut auf der Straß nimmer laufn, und jetzt geht mer ins Himmelreich, des is, wenn mer nach Schmalwiesen fährt, dort wo die Reithalle steht, dort is a Feldkreuz und da geht mer seit 25 Jahr hin, statt der großen Prozessionen. Heut noch kann man an Himmelfahrt früh um 7 Uhr aus von Ellingen nach Otmarsfeld mitwalln. Da war die Frau Baronin mit mir im Pfarrgemeinderat, wie mer das angfangen ham. In Otmarsfeld is dort Gottesdienst, dann wird Brotzeit gmacht und nacher wieder hamganga. Die Baronin is bis auf a paar Jahr immer no mitglaufen.
Mei Frau und i ham aus dem Nichts den Betrieb gschaffn. Mei Frau war die Seele vom Betrieb. Ich hab wohl gwerklt und die Aufträg bracht, aber um die Abrechnung und das Geld hab i mich nicht kümmern braucht, das hat alles sie gmacht.
Am Josefstag 53 hat mei Freund, der Malermeister, der hat a Dreiradla ghabt, zu mir gsagt: „Mir fahrn jetzt zum Neilinger nauf, da wird der neue Opel Rekord vorgestellt, nach der Kirch, den schau

mer uns oo." Da sin mer naufgfahrn. Der alte Opel-Neulinger hat zu mir gsagt: „Haberkernle, des is nix für dich. Ich hab was für dich, i hab no zwa Stück, die hams um 300 Mark runtergsetzt. Der neue Opel hat 6300 Mark kost, und der alte neue 6000, den hams um 300 Mark runter. Du kriegst den Opel Olympia für 5700 Mark." Da sag i: „Fünftausendsiebenhundert, mei Resi schlagt die Händ übern Kopf zammm." „Ja, des mach mer doch jetzt ganz anders. Ganz einfach: Ich bring dir jetzt a rots Nummernschild, des häng mer hie, und dann fahrst du hamm und zeigstn ihr."
Der Michel hat sei Dreiradl steht lassn, und dann sin mer gfahrn. „Du gehst jetzt mit, dahamm is jetzt was loas!" Und dann sin mer vors Haus hingfahrn. Ich hab grufen: „Mama!" „Seid ihr scho wieder zspat drooo...", hats gleich gschimpft. „Jetzt is scho glei halberans. Gehts ner jetzt rei zum Essen!"
Sag ich: „Wir brauchen heit nix zum Essn, wir ham jetzt scho a Autoeinweihung ghabt." „Habt ihr scho gessen wieder! Und trunkn aa!?" „Resi, geh nur jetzt raus.I zeig dir was."
Wir ham so a zweiflügliche Tür ghabt, die war ja da gut beieinander, mei Frau, da hats drin gstandn. „Was is..., was is…, was is jetzterla mit dem Auto?" Sag i: „Des is, des hab i jetzt kauft." „I glaub, du spinnst, glaub du spinnst" Und i sag: „Mutter, du weißt ja, des is jetzt a Gelegenheitskauf, ham mer 300 Mark billiger kriegt, für 5700 Mark, horch." „Wo willst jetzt du 5700 Mark herbringen?"
„Ich fahr morgen nach Nürnberg zu dem Architekt Loy, (der später gleichzeitig mit dem Gregor gstorben is), der hat soviel finanziert, i versprech dir, des geht scho, setz di ner rein. Nimm die Kloa, (die war grad drei Jahr alt), a mit und die Oma a." Die hat sich dann a neighockt, dann sind wir nach Stopfenheim naufgfahrn. Bei der Kirch ham wir rumdraht.
„Na, ja, also gut!", hats gsacht.
Dann hat der Neulinger mir noch a paar Nebelscheinwerfer un a paar Fußmattn gstift, dann war des Auto kauft. Sechs Wochen später ham wir dann die Hochzeitsreis gmacht, die mitm Kaplan nach Rom, wo er drinn gschlafn hat. Da hab i noch vom Papst Pius XII. a Christopherus-Medaille, die hab i heut noch in mein Auto drinn. Die hab i immer von jedem Auto raus ins Neue rein.
Naja, die Zeit damals, als wir 1949 unser Geschäft aufgemacht haben, ham wir drei Mietsparteien im Haus ghabt. Mei Schwiegermutter hat ihr Schlafzimmer hergeben un is auf den Dachboden naufzog, un in dem Schlafzimmer sind unsere Betten aufgestellt wordn, am Fußende war der Schreibtisch, des war unser Büro,

unser Wohnzimmer, unser Schlafzimmer. Und für alle war da eine gemeinsame Küchn.

Ich war ja gelernter Schlosser, da hab ich an Meister gesucht, der die St.-Georgs-Kirch aufgebaut hat, der Pfahler mit dem Gregor Schneid zusammen. Der Gregor hat mir geholfen, dass der in Weißenburg aufgehört hat. Ich hab umgeschult, dann ham wir einen Lehrbubn geholt, zu dritt erst, dann immer mehr bis zu acht Mann, ham wir den Betrieb aufgebaut. So sin wir neigwachsen. 54 bis 57 bin ich dann im Abendkurs auf die Meisterschul gangen, hat mir Spaß gemacht. So war das damals...

Der Noochtgieger und der Kaplan

Fragen wir den Noochtgieger, was er von der Zeit weiß, in der Kaplan Schneid in Ellingen wirkte. Sie wissen nicht, wer der Noochtgieger ist? Da müssen Sie den Rechtsanwalt Hermann Seis fragen, der seit 1953 in Ellingen wohnt. Seit seiner Geburt nämlich. „Der Noochtgieger“ – so der Titel seines Geschichten-Buches – soll sich allerdings bereits seit 899 in Ellingen eingenistet haben.

Einmal saß er unter dem Dach der Stadtpfarrkirche. Und da sah er Kaplan Schneid mit einem fast einen Meter langen Bombensplitter in der Hand eine Leiter hochsteigen – fast bis zur Kirchendecke. Hoch hinauf stieg er, noch über den Schalldeckel der Kanzel hinaus, wo der Erzengel Michael mit leerer Hand stand. Sein Schwert war ihm beim Bombenangriff abhanden gekommen. Geschwungen wie eine Säbelklinge war der Bombensplitter, wellig wie ein Flammenschwert. Sorgfältig passte Gregor Schneid den Bombensplitter als neues Schwertblatt in die Faust des Erzengels – zum Gedenken an den verheerenden Bombentag von 1945.

Anschließend stieg Gregor Schneid von der Leiter herunter, nahm einen Pinsel und schwarze Farbe und malte sein Portrait als Vexierbild versteckt an die Säule, direkt neben den Eingang zum Orgelchor.

Er, der Noochtgieger, hat das Selbstportrait bisher nur wenigen gezeigt, damit nicht Kirchenrestauratoren auf die Idee kommen, das Bild zu übermalen.

Unermüdlich hat der Kaplan das Gebäude, das bereits abgerissen werden sollte, nach den Bombenangriffen wieder hergerichtet, den rechten Seitenchor wieder aufgebaut, Putz und Stuck ergänzt, Bilder ausgemalt, eine komplette Mädchenklasse im Chor als Engelköpfchen an die Decke gemalt. Und dabei niemals seinen Humor verloren. Die Restauratoren der Pfarrkirche in den 1990-er Jahren haben die Mädels dort belassen.

Der Kaplan aber schaufelte den Schutt damals besonders heftig aus dem Kirchturm, wenn unten gerade Ami-Jeeps vorbeifuhren.

St. Georg in Ellingen

Wally hielt ihn für einen Heiligen

„Ein Heiliger ist ein Mensch, der Gott so nahe ist wie Gott ihm nahe ist“, meinte Aldous Huxley. Wally Wallenberger hielt Kaplan Gregor Schneid für einen Heiligen.

Ich bin zu ihm gekommen nach Ellingen, 1949 –, erzählte sie, – kurz vor Weihnachten. Da hat er noch im Spital gewohnt. Er sagte: „Zu Weihnachten kannst du heimfahren.“ Aber dann hat er mich mit einem Telegramm zu sich gerufen, er hatte ein Magengeschwür, und musste besondere Diät essen. Ein Arzt hat ihm zur Magenresektion geraten, ein Freund aber, der Dr. Wagner, hat die Resektion abgelehnt. Er war dann vier Wochen in Nürnberg in einer Klinik gelegen.
Er hatte nach mir keine andere Haushälterin mehr. Er hat damals gefragt, ob ich net ein paar Tage aushelfen will, die Johanna war krank gewesen, da hab ich gedacht, na ja, das kann ich schon machen. Dann hat gleichs Pepperl gemeint, meine Schwägerin, wenn er dich jetzt will, will er dich für länger.
Er hat sich nach dem Bombenangriff nach Ellingen hin gemeldet , zum Kirchenaufbau, das hat wahrscheinlich der Bischof von Eichstätt genehmigt. Er war ja vorher in St. Ottilien.
Und 1955 ist er nochmals ins Kloster nach St. Ottilien gegangen, ein ganzes Jahr. Aber 1945 hat er im Spital gewohnt, noch drei Jahre, bis das Kaplanhaus gebaut wurde.
Ich bin verschwägert mit ihm, mein Bruder hat die Schwester von ihm geheiratet. Als Kind war ich ja schon immer in Eitensheim in den Ferien, drei, vier Wochen, und da ist er ja ab und zu auch einmal heimgekommen. Da hat man sich schon gekannt.
Also vom Spital sind wir hinauf ins Kaplanhaus gezogen, und er hat die Kirche aufgebaut. Da war er viel dort. Ich hab ihn voll versorgt, hab mich um alles gekümmert, Haushalt, Wäsche. Mit einem blauen Drillich von der Wehrmacht war er dort. Er ist nach Ellingen gekommen, hat diese zerstörte Kirche gesehen und hat gedacht, die möcht ich aufbauen. Ich weiß nicht, ob er zufällig nach Ellingen kam.
In der Kirche hat er verschiedenes ausgemalt; er war ein Künstler. Die Seelsorge ist ihm aber immer vorgegangen, war ihm das Wichtigste. Wenn er was Künstlerisches gemacht hat, das hat er nebenbei gemacht. Er ist in der Früh schon um sechs Uhr aufgestanden, hat sein Brevier gebetet, da war er einmalig. Das war das Allerwichtigste für ihn.

Er wär ja auch so gern in die Mission gegangen, also deswegen ist er 1955 noch ein Jahr nach Ottilien. Weil er gehofft hat, er käm jetzt doch in die Mission. Er hat schlecht gesehen, auf einem Auge hat er fast gar nichts gesehen. Deswegen haben sie ihn nicht in die Mission gelassen; er trug eine Brille.
Er war in seiner Lebenshaltung großzügig, er hat schon gut essen wollen, aber besondere Ansprüche hat er nicht gestellt. Und wenn ich gar nichts gemacht hab, dann hat er auch nichts gesagt, er wollte viel lieber, dass ich Handarbeiten mache.
Er hat eigentlich auch sehr viel von einem verlangt, aber ich hab mich halt eingestellt drauf und hab mich bemüht, und es ist gangen. Die Entwürfe zu den Messgewändern hat er gemacht, auch den Gobelin in der Scheunenkapelle in Dettenheim. Den haben wir zu dritt gemacht, mit einer Verwandten von der Frau Vorbeck. Frau Landrat ham wir immer zu ihr gesagt. Die Frau Vorbeck hat einen Teil gemacht und wir zwei anderen jeweils einen Teil. Er ist so gestickt, der hängt noch in der Scheune.
Bei den Theateraufführungen hab ich auch die Kostüme herbringen müssen. Zum Teil hab ich sie selber genäht und wieder hergerichtet. Er hat genug Verbindungen gehabt, da hat man ihm die Kostüme gegeben. Er versuchte, alles durch Tauschen herzubringen. Er war ein freundlicher, lustiger Mann, er hat gern Spaß gehabt und hat gern gelacht. Jeder hat gemeint, er ist ein Freund von ihm. Das ist ganz eigenartig gewesen: Er war zu den Leuten so gut, so herzlich einfach. Er war vielleicht wirklich ein Freund von den Leuten. Auch wenn Bettelleut kommen sind, die hat er net einfach abserviert, die hat er reinkommen lassen, hat sich Zeit genommen, auch wenn er keine Zeit gehabt hat. Er war ein wahrer Seelsorger.
Zu Ellingen fällt mir ein: Den Hornstein hat er alle Jahr gelüftet. Der Gregor wollte ja auch dort begraben sein in der Gruft, das hat er einmal gesagt – bei „seinem Hornstein". Aber das geht halt nicht. Ich hab dann Ellingen gewählt. Wo er dann begraben worden ist. Ich hab mir gedacht, so ists am günstigsten, ich hab das entschieden. Er hat sich gewünscht: entweder Plankstetten oder Ellingen. Das mit der Gruft ist nimmer gangen. Für Plankstetten hab ich mir gedacht, da muss man immer fragen, bis man Einlass bekommt, es ist ja ein Kloster. Da hab ich gedacht, Ellingen ist gescheiter für mich und die Verwandten. Geschwister leben auch nicht mehr von ihm. Er hatte zwei Geschwister.
Wir waren gern in Ellingen. Die Leut waren so nett, auch heut noch sehr anhänglich. Auch die Jugend, die Kolpingsfamilie. An

den Kontakt, den der Kaplan mit der Akademie hatte, kann ich mich gut erinnern. Die waren auch oft da bei uns: Professoren und die Studenten.

Viel Geld hat man damals net gehabt, damals wars ja ganz schlimm, aber wir san durchkommen. Sein letzten Kontoauszug hab ich mir mitgenommen, nach seinem Tod, da waren elfhundert Mark drauf.

Wenn ich älter gewesen wär, hätt ich das alles nie machen können. Als ich zu Schneid nach Ellingen kam, war ich 27 Jahr. Ich bin 1920 geboren. In Berolzheim hab ich endlich den Führerschein gemacht, da war ich schon über 40. Mit 27 schafft man schon was...

Ellingen. Wir sind ja von dort weg, weil er ein Jahr nach St. Ottilien ist, um doch noch in die Mission zu können. Aber seine Augen sind ja nicht besser gewesen. Auf einem war er fast blind. Und als er gemerkt hat, es geht einfach nicht in die Mission, da hat er gesagt, er geht vorübergehend nach Gungolding, da war ich nicht dabei; ich bin in der Zeit wieder zu meinem Bruder ins Büro gegangen. Danach bin ich wieder zu ihm gegangen; es war nicht ausgemacht. Ich hab ihn schon ein paarmal in St. Ottilien besucht, dann hat er gesagt, wenn ich wieder zu ihm geh, dann geht er nach Dettenheim, aber zum Übergang nach Gungolding. Lang war er nicht, ein Jahr, aber dort hat er auch schon wieder Theater gespielt. Seinen Urlaub hat er manchmal in Thierberg verbracht, das ist beim Schliersee. Mit der Haushälterin vom Treuchtlinger Pfarrer bin ich da immer mal zu ihm hingefahren. Da oben war so ein Mönch, den hat er vertreten in der Einsiedelei. Er wollt halt, dass der auch einmal Urlaub hat.

Dann ist der Pfarrer Dürrmut verunglückt, der war damals in Dettenheim. In einem Saal vom Vorbeck-Schlösschen haben die Katholischen halt Messe gehalten, die große Kirche in Dettenheim ist ja evangelisch. Gregor hat dann mit dem Herrn Vorbeck und verschiedenen anderen gesprochen, da müsst man doch eine Kirche bauen. Dann sind sie drauf gekommen, dass die Scheune leer ist. Wir ham beim Vorbeck im Haus gewohnt – so notdürftig. Unten ham wir eine ganz eine kleine Küche gehabt und oben ein Studierzimmer; das war sehr groß, da hat er auch geschlafen. Und ich hab das Damenzimmer gehabt. Wir waren für uns, mit den Vorbecks haben wir nichts gehabt. Die Türe von der Küche ging zum Garten hinaus. Im Garten hinten hat er den „Jedermann“ aufgeführt – in Ellingen auch. Das hat sich so ergeben, da hat er die Dorfleute

dazu aufgefordert. Die Proben hat er abgehalten im Garten oder im Studierzimmer oder auch später in der Scheunenkirche.
Die Scheune hams zuerst ausgeräumt, die Evangelischen wie die Katholischen. Ich hab den Gundhildis-Teppich mitgestickt, der hängt immer noch dort. Die Katholiken waren eine kleine Gruppe. Heimatvertriebene waren dabei. Dann hat er die Grundmauern der Gundhildiskapelle bei Suffersheim gefunden. Er ist immer hingefahren, hat nachgeforscht; er hat ja nur die Fundamente freigelegt. Er wollte damals schon eine Kapelle bauen. Und von Dettenheim nach Berolzheim ist er gekommen, weil er gedacht hat, dort ist er fertig, jetzt wollt er wieder was anderes bauen.
Dann hams in B-heim die Hedwigskirche gebaut. Ein Architekt war da von Ingolstadt. In B-heim war er vier Jahr: von 63 bis 67. Dort war viel besser Wohnen als in Dettenheim, wir hatten ja ein eigenes Haus.
In Dettenheim hab ich viel Handarbeiten gemacht. Seine Kleider, seine Soutanen hat ein Schneider aus Eichstätt gemacht, wo die Geistlichen alle haben arbeiten lassen. Am liebsten ist er im Talar gegangen – auch im Alltag. Aber auch im schwarzen Anzug ist er gegangen mit weißem Hemd und Selbstbinder, Soutane oder Talar mit einem Selbstbinder.
Schwächen? Geizig war er bestimmt nicht. Er hätt sein Letztes hergegeben.
Zu seinen Essgewohnheiten: Er wollte es immer schön gedeckt und hergerichtet haben. Er mochte alles, aber ich hab ihm auch nichts gebracht, was er nicht wollte. Er hats halt gesagt, was er wollte. Er hat schon geschätzt, was man gemacht hat für ihn. Er war dankbar und höflich.
Und sein Steckenpferd: Das war dasTheaterspielen, und die Kunst.
Frauen? Die Grenze hat er gar nicht überschritten. Dass sie ihn angeschwärmt haben, das war schon, das ist ja klar...
Er hat kein Dialekt gesprochen, oder er ist mir nicht aufgefallen.
Was hat er nicht alles gemacht? Ein Kreuz, Bilder selber gemalt, seine Messgewänder. Das Messgewand, das ich ihm zum Jubiläum gemacht hab, das er in Dettenheim gefeiert hat, das bringt man alles zusammen auch ohne Ausbildung, da sind Perlenstickereien. Jedes Kostüm war durchdacht, er hat soviel gelesen. Und wenn ich geklagt hab, wenn ich nur einen Schnitt hätt, dann hat er gesagt, das ist das Wenigste, dann hat er mir schnell einen Schnitt gemacht, zum Beispiel für Kappen zum Theaterspielen oder was wir sonst braucht ham...

Vor der Andreaskirche in Weißenburg, da hams auch den Jedermann gespielt. Da hat er selber den Tod gespielt. Er hat alle Kostüme wieder verwendet, und immer hat er neue Leute angelernt. Wie er die Leut zusammengebracht hat, weiß ich net. Ich verstehs gar net.
Dann Landschaftsbilder, die er gemalt hat, er hat die Natur so gemocht. Dann ein Plakat „Junggesellensteuer", das hat er gemacht. Tagebuch hat er keines geführt, höchstens mal was geschrieben zur Unterhaltung, vielleicht ists in einem Gästebuch, wo er reingeschrieben hat...
Dann die Krippe, die hat er auch immer selber gemacht, nur die Figuren nicht. Da ist er in Wald und hat Wurzelzeug geholt für die Krippe. Und dann eine Ikone, die hat er auch gemacht in Dettenheim, und in Berolzheim hat er auch eine gemacht, da hams aber jetzt komischerweise einen Rosenstrauch drüber gemacht, das dürftens eigentlich nicht tun.
Wie er die Ikone in Dettenheim gemacht hat, hat er gsagt: „Heut darfst mich nicht stören!" Es war Sonntag Nachmittag. Und um 3 oder 4 Uhr ist die Knöller-Familie von Ellingen gekommen, und ich hab gedacht, was mach ich jetzt, aber dann hab ichs doch versucht und bin nauf zu ihm und habs ihm gesagt: „Ich muss stören." Da hat er gesagt: „Da schau hin, ich bin schon fertig."
Er hatte viele Fähigkeiten, er war hochtalentiert in jeder Richtung. Dann hat er Steine gesammelt. Er hat doch Steine herbracht von überall. Er hat sich auch soviel getraut, was damals auf Widerstand gestoßen ist. In Dettenheim zum Beispiel ist das Kapitel aus Eichstätt gekommen, und da hams gesagt, da müssens schon zwei Augen zudrücken. Da hat er nämlich schon zum Volk zelebriert, das war ja damals noch gar nicht üblich. Er war immer voraus, ganz eigenartig. Und als er dann gstorben war...

In all ihren Erzählungen hat dieser Tod Vorrang. Eigentlich ist er der Anfang und das Ende all ihrer Berichte von Kaplan Schneid. „Er war eigentlich nie krank...", begann sie jedesmal.
Ein Tod, den sie wohl nie überwunden hat. Wenn man sie gefragt hat, wie sie mit seinem Tod fertig geworden ist, bekam man lange keine Antwort.
Dann: „Ganz schlimm, wenn ich jetzt daran denk, gehts mir noch ganz schlecht. Ich denk wie an einen Alptraum. Es war alles so selbstverständlich zwischen uns, so als wärs für immer so."

EIN HEILIGER war GREGOR SCHNEID.

Anneliese Grüll: Er traute uns

Die Ehefrau des damaligen Bürgermeisters Franz Grüll erzählt

Ein Gedicht, das ist vom Kornbacher, der war sein Nachfolger als Spitalsgeistlicher, der hat ein Gedicht auf ihn gemacht:
„Der Gregor Schneid in Berolzheim verdient wohl einen schönen Reim. Bahnwärtersbub, so fuhr er gern mit seiner Sehnsucht in die Fern, erkunden diesen schönen Stern. Im Kloster sein, das war sein Ziel, in Sankt Ottilien, das ihm gefiel, als Mönch, das war sein höchstes Glück..."
Undsoweiter, mehr weiß ich net mehr.
Er hatte gern das Deutschordenskreuz um, er hat ja auch seine Messgewänder selber entworfen und selber genäht.
Kaplan in Ellingen, Kurat in Berolzheim: Er hat als erster in der Diözese zum Volk zelebriert, und zwar in der Dettenheimer Kirche. Er hat das durchgesetzt beim Bischof. Zu der Zeit war das ja überhaupt noch nicht üblich. Er war als Benediktinermönch befreundet mit Abt Paulus von Plankstetten, er hat ja dort Kunstunterricht gegeben. Der Abt war damals auch da zu der Ausstellung, die die Ellinger über den Gregor gemacht haben.
Mein Mann war Familiare des Deutschen Ordens, weil er verheiratet war; es gibt auch Deutschordensschwestern. Sie haben karitative Aufgaben.
Aller Wahlspruch ist: Im Dienste am Nächsten verzehr ich mich. Die Familiaren haben den schwarzen Mantel getragen, und die Geistlichen den weißen. Der Gregor also im weißen Mantel des Deutschherrenordens.
Am Anfang hat der Kaplan im Spital gewohnt, das Kaplanshaus war ja eine ganze Zeit nach dem Angriff erst gebaut worden.
Er hat ja nach dem Angriff die Kirche wasserdicht gemacht, da hat er Flugzeugbleche draufgmacht, so dass die Kirche später dann wieder eingeweiht werden konnte.
Die einzige Kirche, die nach dem Bombenangriff noch intakt war, war die Spitalkirche. Später dann war die Schlosskirche unsere Kirche. In die Spitalkirche konnte die Gemeinde auch, aber dort ist nicht regulär Gottesdienst gefeiert worden, erst wieder, als Pfarrer Kornbacher dort drunten seinen Alterssitz hatte, der hat dann lesen müssen. Und die Mallersdorfer Schwestern mussten ja auch jeden Tag ihren Gottesdienst besuchen. Und die Heimbewohner, die gehen wollten, für die wurde dann jeden Tag die Messe dort gelesen.

Der Gregor hat ja im Spital gewohnt und dann ist er jeden Tag im Drillich auf dem Fahrrad hier vorbeigefahren zur Pfarrkirche. Wo der den Drillich hergebracht hat für seine Größe, weiß ich nicht.
Meine Eltern sind bei dem Bombenangriff umgekommen, meine Schwester ebenfalls und Frau Professor Emma Hoffmann, die ist auch in meinem Elternhaus umgekommen.
In der Zeit haben wir mein Elternhaus wiederaufgebaut. Ich bin also immer droben gestanden am Gerüst, und da ist er mit seinem Fahrrad vorbeigefahren. Und so einen Kutschermantel hat er auch angehabt, mit so einer Pellerine drüber, die ist so um ihn herumgeflogen.
Ich glaub, der ist sogar mit dem Fahrrad nach Plankstetten gefahren. Das sind also meine ersten Erinnerungen an ihn.
Es waren einschneidende Erlebnisse Februar 1945. Kalt wars, wir haben nicht gewußt wohin. Meine Gedanken und die meiner Schwester waren da nicht so kirchenfreundlich. Wir haben gehadert ... zwangsläufig. Mein Vater und die Frau Hoffmann sind tot geborgen worden, die sind bei uns in der Maschinenhalle drin gelegen, weil unsere Schreiner keine Särge machen konnten. Die haben ja keinen Strom gehabt. Jetzt mussten die Särge erst in Weiboldshausen zusammengehämmert werden. Die anderen Leichen wurden, so wie sie rausgebuddelt worden sind, zum Friedhof rausgebracht. Vor der Leichenhalle zu Bergen aufgetürmt. 96 Tote.
Dann hat man überm Schlehaider und überm Oppel die Gartenzäune von hinten aufgeschnitten und meinen Vater und das Fräulein Hoffmann rausgetragen, als die zwei Särge da waren. Sie sind also schon in Särgen zum Friedhof rausgebracht worden. Wir haben gesagt, auf so einen Leichenberg lassen wir sie nicht legen. Meine Mutter ist im Spital gestorben, zwei Tage danach; auf Stroh ist sie gelegen, es war ja nichts da.
Auch die Ärzte waren völlig überfordert. Meine Schwester ist ebenfalls lebend geborgen worden, die ist dann im Weißenburger Krankenhaus auch gestorben. 33 Jahre alt war sie. Die Stufen haben ihr das Rückenmark durchgeschlagen, weil sie im Treppenhaus war. Meine andere Schwester und ich sind mit den Rädern zu ihr hingefahren. Wir waren die Überlebenden, weil wir nicht zuhause waren. Ich war beim Kriegshilfsdienst in Erlangen – Arbeitsdienst. 1944 war ja schon totaler Krieg. Und da war es nicht mehr möglich, diesen Einberufungsbefehl rückgängig zu machen. Ostern 44 bin ich nach Kulmbach gekommen. Komm ich hinauf, sagt die Lagerführerin: „Was wollen Sie hier? Wir haben ja das Lager noch gar nicht ganz leer.“

„Ja, da hätt ich ja auch in Ellingen bleiben können."
Wir hatten nämlich in Ellingen ein Lazarett, da hatten wir für Ostern schon Vorbereitungen getroffen, als Jungmädchen den Soldaten Frühlingslieder zu singen und Ostereier zu verstecken in der Erlerklinik, das war damals Kreiskrankenhaus.
Mein Bruder ist in Stalingrad gefallen.
Ich denk Gregor Schneid, war während des Bombenangriffs im Spital.
Bei dem Angriff haben wir ja auch den Geistlichen verloren, den Dekan. Den haben sie aus dem Pfarrhof herausgeholt. Der war ja auch völlig zerstört. Der Pfarrer war im 1. Stock oben und hat immer um Hilfe gerufen, ihn haben sie runter. Er ist dann aber ein paar Wochen später auch gestorben. Den haben sie nicht in Ellingen beerdigt, den haben sie in Burgoberbach, wo er gebürtig war, beerdigt. Dadurch hatten wir keinen Geistlichen. Vielleicht ist der Gregor an seine Stelle gekommen, aber da muss ich passen. Ich hab geglaubt, er sei zu der Zeit schon im Spital gewesen.
Schneid liegt hier in Ellingen beerdigt.
Ich war bei dem Angriff also nicht da, und meine eine Schwester war in Weißenburg und konnte über Mittag mit dem Fahrrad nicht heimfahren. Das hat sie gerettet. In Weißenburg war durchgesickert von dem Ellinger Angriff, dann hat sie zuhause angerufen, wir hatten schon Telefon, dann hat sie keine Verbindung bekommen. Dann hat sie versucht, den Bahnhof anzurufen, weil der Bahnhof eine andere Telefonleitung hatte ... und dann.

Die Stadt voll Grauen

Der evangelische Geistliche Kreutz hat über den Bombenangriff geschrieben: „Und wieder steht an dieser Friedhofsstätte kein banger Fuß in Ellingen, dass ich so trauern muss, als ob die Toten ich verloren hätte. Mein Auge schaut zurück zu jenem Tag im blutgen Februar, wo hoch der Himmel voller Feuer war und tief die Stadt voll Grauen und voll Klage."

Ellinger Hefte, Nr 1–1995,
Luftangriff auf Ellingen, Augenzeugen berichten

Gregor Schneid hab ich sehr oft gesehn, auf seinem Weg zur, Arbeit, zur Pfarrkirche, aber da war ich zu sehr mit unseren eigenen Sorgen beim Aufbau beschäftigt. Der eigentliche Kontakt kam erst zu unserer Hochzeit, weil mein Mann am 8. Januar Geburtstag hatte.

Am 9. Januar 1960 ist in das Haus ein Laster reingefahren – meine Schwiegermutter hatte hier so einen Tante-Emma-Laden – es war glatt. Und am 10. Januar war die Mutter meines Mannes tot. Sie ist an dem Schock gestorben. Da war Schneid schon in Dettenheim – bis 61, dann kam er nach Markt Berolzheim. Damals war mein Mann schon Bürgermeister, da hat er mich angerufen, kannst net kommen, ich bin ganz allein. Daraufhin hab ich natürlich ja gesagt, das ist Christenpflicht, dass man einen jungen Mann in solch einer Situation nicht allein lässt. Hier im Hausgang ist sie ausgesegnet worden, sie ist ja auch im Haus gestorben. Da hab ich halt versucht, ein paar Blumen zu bekommen. Beim Hofgärtner draußen hab ich ein paar Blumen bekommen und dann ist ja nach dem katholischen Glauben bis zur Beerdingung ein Totenrosenkranz. Der war in der Maria-Hilf-Kapelle hinter der Pfarrkirche. Da bin ich mit ihm natürlich auch in den Totenrosenkranz gegangen. Die Aussegnung hat der Gregor ja nicht mehr gemacht, der Florian Sangl hat die gemacht. Der war zu der Zeit unser Stadtpfarrer. Da warn natürlich die alten Betweiber drin, die ihren Rosenkranz gebetet haben, das ist heut auch noch so. Und da kamen wir zwei rein, und da warn die Köpf schon zsammgesteckt. Da wusste man, die zwei gehören zusammen – es war eine Schicksalsfügung.
Dann gings an: „Du kannst doch den Laden von der Mutter weiterführen..." Da hab ich dann in dem Laden gestanden hinter einen großen Plane, vor dem Riesenloch, das der Laster hinterlassen hat.
Dann hab ich den Gregor Schneid wieder getroffen in Dettenheim im Februar 1961, und zwar deshalb, weil wir gesagt haben, so können wir das nicht aufrecht erhalten. Er war Bürgermeister, wir müssen das legalisieren durch eine Trauung. Aber, hab ich gsagt, wir können doch, nachdem deine Mutter kaum vier Wochen unter der Erde ist, keine Hochzeitsfeier machen. Und da hab ich den Vorschlag gemacht: Wenn wir in Ellingen heiraten, dann würde das ein riesiger Auflauf. Das seh ich net ein, geh zu, fahr zum Gregor Schneid nach Dettenheim und frag ihn, ob er uns in Dettenheim traut, des wär dann eine ganz kurze Sache, zudem ist er dein Ordensbruder. Und da hab ich eigentlich erst den ersten richtigen Kontakt zu Gregor Schneid gehabt, der dann gewachsen ist. Er hat gesagt: Natürlich, ich trau euch. Wir haben ja gewusst, in Ellingen haben nicht so viele ein Auto, dass net alle da nüber fahren können. Wir mussten rüber zur Trauung, aber das Trauexamen haben wir hier beim Stadtpfarrer machen müssen. Und er hat auch die Erlaubnis geben müssen, dass uns Gregor Schneid in Detten-

heim trauen darf – unter der Begründung, dass wir im Trauerjahr sind und dass wir uns unauffällig trauen lassen wollen.
Bis dahin hab ich Gregor Schneid nur vom Sehen gekannt, aber jetzt bestand konkretere Verbindung.
Die Scheunenkirche war der Heiligen Gundhildis geweiht. Und von ihr hat er uns ein selbstgemaltes Bildnis geschenkt. Einen Ausschnitt aus dem Gobelin am Altar. Er hat signiert G S und das Deutschordenskreuz dazu. Den Wandbehang haben er und die Wally gemacht, seine Haushälterin. Er ist aus Rupfen, mit dem Bild draufgenäht.
Auf unser Bild hat er geschrieben: Dem lieben Brautpaar Anneliese und Franz zum Hochzeitstag am 27.2.1960., Scheunenkirche St. Gundhildis Dettenheim. Euer Traupriester Gregorius Schneid, familiare. So gerahmt hat er uns das geschenkt. Mit seiner großzügiger Schrift.
Dann waren wir wieder beisammen am 25. November 1960, da ist unsere Tochter getauft worden. Da haben wir den Gregor nach Ellingen geholt und danach wieder hinübergefahren.
In diesem Jahr 60 war er in Amerika gewesen. Davon hat er bei der Taufe erzählt. Nach Amerika war er eingeladen gewesen.
Das Kind hab ich ihm manchmal in den Arm gedrückt und gesagt: „Da schau her, da ist das Produkt der von dir geschlossenen Ehe."
Er war sehr menschenfreundlich, sehr aufgeschlossen...
Damit hat er ja auch Schwierigkeiten gehabt mit seinem obersten Dienstherrn, dem Bischof in Eichstätt. Auch mit dem Sangl hat er sich nicht so vertragen, der Sangl war ein ganz konservativer Geistlicher gewesen. Mit ihm hat man nie den gleichen Kontakt gehabt. Aber mit Gregor Schneid..., von dem hat man gesagt: der Leutselige, weil er auf die Leute zugegangen ist. Und natürlich auch durch die Kolpingsfamilie, die Verbundenheit mit den jungen Burschen, denen er allen Bilder zur Hochzeit geschenkt hat.
Dann waren wir oft einfach mal bei ihm, bei der Wally, die haben in dem Schlösschen, das daneben ist, neben der Scheunenkirche, gewohnt. Zur ebenen Erde haben sie ihre Küche gehabt, und er sein Studierzimmer.
Es war eigentlich eine sehr enge Beziehung da, da Gregor Schneid Deutschordens-Familiare war... unsere Kinder aber durfte er nicht taufen.
Sein 25-jähriges Priesterjubiläum hat er auch in dem Garten von dem Schlösschen gefeiert, eine wunderschöne Feier im Freien. Da ist ein Altar aufgebaut gewesen so wie an Fronleichnam, da hat er die Messe gelesen: an einem wunderbaren Sommertag. Da waren

alle da, nicht nur geladene Gäste. Ich denk, es war ein Sonntag, dass auch die Berufstätigen kommen konnten. Dettenheim ist eine Diasporagemeinde gewesen, und er war der Diasporaseelsorger. Nach dem Amt, das er gelesen hat, ist noch ein Umtrunk gewesen. 29. Juni 1961.

Fasching ist ein richtiger Aufstand gewesen hier in Ellingen – wenn der Gregor zum Künstlerfasching gegangen ist.

Es gab einen Studenten der Akademie aus dem Bayerischen Wald, aus einer Familie mit viel Kindern. Der hatte keine Bleibe. Da hat man ihm den Kolpingturm angeboten. Der Bäumler wars. Ich hab sogar von ihm eine halbgeschnitzte Madonna gehabt, die hab ich meiner Tochter zur Hochzeit geschenkt. Kontakt zum Bäumler war da über den Schreiner Morgott, da hat er sich immer Holz besorgt. Weil Gregor Schneid der Präses war von Kolping, und er den Turm ja auch unter seiner Regie ausbauen hat lassen – der musste ja beheizbar gemacht werden – hat er den Bäumler da reingelassen, der hat ja auch kein Geld gehabt. Als der Bäumler dann weg war, war der Kontakt abgebrochen. Der Bäumler ist ein Waldler, ein verschlossener Mann gewesen, aber der Gregor hatte Zugang zu ihm.

Die Feste in der Akademie waren optimal herrlich. Die haben sich immer wieder was anderes einfallen lassen, sie haben immer wieder ein anderes Thema gehabt. Ich war ja dann auch noch in Nürnberg drinnen, nach 1954, aber es was nie so schön mehr wie im Schloss damals. In Nürnberg wars wesentlich großräumiger, hier wars viel intimer. Jeder hat jeden gekannt, jeder hat jeden zuordnen können, jeder hat gewusst, der ist in der Klasse, der hat den oder den Professor, das war sehr familiär.

Die Klasse Puchner hat Jahre später noch ein Fest im Gasthaus am Kettensteg gemacht, in Nürnberg, das war auch herrlich. Das Schöne war auch, die ganzen Professoren haben da mitgemacht...

Da drüben in dem Doppelhaus haben zwei alte Jungfern gewohnt, unverheiratet. Dort hat der Student Reinhard Bodenschatz ein Zimmerle gehabt. Er ist jeden Tag hinauf zur Akademie. Wir haben uns immer wieder gesehen, im Fasching hatten wir uns kennengelernt, er hat dann immer wieder gesagt: „Weißt mir jetzt net endlich a Wohnung, a Zimmerle für mich. Ich muss da raus, das halt ich net aus." Die Räume da drüben in dem Haus sind sehr nieder, und der war ein Zweimetermann. „Weißt, auf der Tischdecke ist eine Überdecke, und auf der Überdecke is nochamal a Überdecke..." Der ist später an Kinderlähmung gestorben...

Die Faschingsfeste der Akademie

Wunibald Puchner erinnert sich: Griebel hat gemeint, der Fasching soll hell und locker sein. Ich aber hab gsagt: Genau das Gegenteil soll er sein. Hier das „Zabohem“ war berühmt. Scho im Sommer ham wir Wettbewerbe gemacht für Dekoration, Plakat, Eintrittskarten. „Akalila“ ham wir im Kettensteg in Nürnberg gemacht: Akademie in Lila. Fürs zwoate Fest wolltens uns den Saal sperren. Da bin i zur Stadt ganga, weil die das letzte Mal so umtrieben ham, dass unter dem Saal dena der Mörtl ind Suppn neigfalln is, der ganze Putz war obigfalln. Dann hams ses aber wieder genehmigt, wie i dort war. I hab gsagt, mer braucha des Geld, mir ham schon sovüi investiert. Dann ham mer no omoil feiern därfa. Da hab ich die Karten gezeichnet und die Hella hat das Gedicht gemacht, die Hella Krieg, später die Frau vom Heinz, der später Professor für Grafik bei uns worn is un die in Ellingen scho die Faschings-Einladung „Die Ertrunkenen“ gezeichnet hat. „Mascorum dancissime vilsuffisat“ hats gschriebn. Dem Kaplan ham bei dem Latein die Hoor zu Berg gschtanden. Aber glacht hat er fürchterlich dabei. „Achtung Haie!“ – hats no gwarnt – „Unmaskierte werden gefressen!“ Ideen hats scho ghabt, und zeichnen hats können. Mei...

1944 ist die Akademie nach Ellingen gekommen. Da war ein Goldschmied bei den Professoren, der ist immer zu meinem Vater in die Schlosser-Werkstatt gekommen, wenn was zu richten war. Der hat meiner Schwester sogar einen Ring gemacht.
1952 haben sie eine Zirkusvorstellung gemacht – in dem großen Saal im Schloss, wo der große Kronleuchter hängt. Der eine hat den Zirkusdirektor gemacht, die anderen haben Fahrräder gehabt, die haben sich wahnsinnige Sachen einfallen lassen, Clowns und so was...
Dann das Sommerfest: Da sind wir mir Lampions hinter in den Park gezogen und dann haben sie das Stück gespielt: Sommernachtstraum.
Ich könnte mir denken, dass Schneid zum Fürstenhaus auch einen guten Kontakt hatte, aber ich kanns natürlich nicht bestätigen.

Dann kam die Fahrt mit der Klasse Puchner 1954 nach Wien. In Passau haben wir Quartier gehabt, in einem Möbellager, den Be-

sitzer hat der Professor gekannt, und auf den sämtlichen Couchen und Betten haben wir schlafen dürfen. Aber es gab nur eine Toilette und ein kleines Waschbecken. Die Burschen wollten sich natürlich rasieren; es war einfach schön. Da war der Rainer Langer dabei – mit Holzfuß, der hat im Krieg auch ein Bein verloren. Damals war er schon verheiratet, aber für zwei hat das Geld nicht gereicht zum Mitfahrn, da ist er allein dabei gewesen.
In Passau auf dem Marktplatz hat der Puchner gesagt: In Passau beginnt der Balkan.
Schneid war aber auf all diesen Ausflügen nicht dabei.
Die Zeit der Akademie in Ellingen hat eine ganz andere Lebensart gebracht. Ich war ja damals ein junges Mädchen, und da wir in Ellingen noch nicht einmal ein Kino hatten, war so ein Akademiefest – die Karten dazu hab ich ja auch alle gesammelt – was ganz besonderes. Das hab ich dann natürlich wahrgenommen.
Als Gregor Schneid dann in Berolzheim war, haben wir ihn auch besucht.
Die Wally Wallenberger hat nach dem Tod vom Gregor seinen ganzen Haushalt aufgelöst. Sie weiß auch, dass er alles selber gemacht hat. Er hat z. B. die Schmiedeeisen-Sachen in der Dettenheimer Scheunenkirche gemacht, die Ketten und Kerzenständer, das hat er selber mit vorhandem Material von den Bauern gemacht. Er war so vielseitig in künstlerischer Richtung.
Wenn man an den Bombensplitter, das Schwert auf dem Schalldeckel der Kanzel in der Ellinger Georgskirche denkt, das sind alles so Sachen, die einem anderen gar nicht einfallen...
Ich hab die Wally immer an Allerheiligen auf dem Friedhof getroffen; am 1. November kommt sie immer hierher ans Grab. Ich hab aber in den letzten Jahren dieses Treffen gescheut; das ist allmählich kein Gedenken der Toten mehr, das ist nur noch ein Bekanntentreffen und ein Palavern.
Wenn ich an seine Beerdigung denke, weiß ich nur noch, der Sarg ist mit seinem schwarzen Ordensmantel bedeckt gewesen, auf dem Weg von der Maria-Hilf-Kapelle zum Friedhof. Der Hans Haberkern hat viel Verbindung mit dem Gregor gehabt. Wir waren alle über seinen Tod tief erschüttert, wir haben das alle einfach nicht fassen können.
Ich seh noch Gregor im Deutschordensmantel, auch mal in einem dunklen. Das waren Samtmäntel. Haberkern und mein Mann sind zusammen aufgenommen worden als Familiare. Es musste ja immer einer für sie gradstehen, das hat der Gregor eingefädelt, dass die zwei aufgenommen worden sind.

Die Ellinger Familiaren

Im Deutschen Orden gibt es seit alters her das Familiareninstitut. Die Familiaren bilden neben den Brüdern und Schwestern den dritten Zweig des Deutschen Ordens. Die Brüder und Schwestern legen die ewige Profess (mönchische Gelübde: Gehorsam, Demut und Keuschheit) ab, während die Familiarengemeinschaft überwiegend aus weltlichen Laien besteht.
Die Familiaren des Deutschen Ordens, auch Marianer genannt, sind eine Institut, das dem Orden der Brüder vom Deutschen Haus Sankt Mariens in Jerusalem angegliedert ist. Die Familiaren sind Priester und Laien, die im Leben Anteil haben an den Gebeten und guten Werken, die von den Brüdern und Schwestern des Ordens verrichtet werden. Die Aufnahme erfolgt durch die Investitur.
Die Ordensgemeinschaft gliedert sich in Provinzen – von altersher Balleien genannt –, deren Grenzen etwa den heutigen Staatsgrenzen folgen, und diese wiederum unterteilen sich in Komtureien.
Die Ellinger Familiaren sind der „Komturei an der Donau" zugeordnet.
Im Jahresablauf finden an mehreren Samstagen Treffen der Familiaren statt. Sie beginnen stets mit einer hl. Messe, zu der der Ordensmantel getragen wird.
Der Priester und Künstler Gregor Schneid (1910–1967) wirkte in Ellingen von 1945–1954 und stellte nach dem Krieg den Kontakt zum existierenden Deutschen Orden her. Gemeinsam mit dem Apotheker Rudolf Schub trat er am 25. Oktober 1956 dem Familiareninstitut bei. Bürgermeister Franz Grüll und 2. Bürgermeister Hans Haberkern traten ein Jahr später am 21.10 1957 bei.

Aus „Der Deutsche Orden nach 1805" von Max Bayer in: 1100 Jahre Ellingen 899–1999

Die Stärken vom Gregor Schneid waren: Überall wo Not am Mann war, hat er zugepackt. Er hat die Not der Anderen auch gesehen, wo was nötig war. Er konnte auf Menschen zugehen und schnell Kontakte knüpfen.
Die Kolpingsbrüder werden weniger wissen als der Haberkern. Ich weiß nur eine Geschichte: Da ist er mit ein paar Kolpingssöhnen nach Köln gefahren ans Grab vom Adolf Kolping; aber die Bur-

schen haben kein Geld gehabt, das war in der Zeit um 50 herum. In der Zeit war er auch Kolping-Praeses, und Hunger haben sie auch alle gehabt. Dann ist an einem Gasthaus angeschrieben gewesen: „Halber Hahn 1.- DM“. „Mensch, an halben Hahn für des Geld, da gehn mer nei“, sagten sie. Ja, aber das ist ein belegtes Brot gewesen, eine belegte Semmel.
Dann warns einmal mit dem Motorrad am Königsee unten. Mein Mann hat eine BMW gehabt, da hat der Gregor zu ihm gesagt: „Jetzertle machst du den Christopherus, nimmst mich auf die Schulter und trägst mich übers Wasser.“ Er war halt sehr einfallsreich, er war zu allem Lustigen bereit, das hat den jungen Männern auch so gefallen, weil er mitgemacht hat, einer von ihnen war.
Das hätten sie mit dem Florian Sangl überhaupt nicht machen können. Die Zwei hatten auch Probleme miteinander, womöglich war das auch die Lösung, nach Dettenheim hinüber zu gehen.

Wunibald Puchner und Karl-Hans Eißenberger sprechen über Schneid

Karl-Hans Eißenberger, Bürgermeister von Ellingen 1990–2002

Puchner: Sogar den Freischütz hams aufgeführt im Sommerkeller draußen. Das muss man sich vorstellen – musikalisch. Dann hams den Jedermann aufgeführt, und ich seh den Kaplan heut noch wie er durch Ellingen durchgeht. Er hat als Requisit a Kanapee ghabt, a Riesentrumm. Das hat er so gstemmt, da hat er grad no nausschauen können, unten durch. Da is er mitten auf der Straß mit dem Kanapee dahinganga. I kannt ern zeichna, ois hat er gsammelt, dieser Schneid! Beim Lechner hat er geschlossert und Zimmermannsarbeit hat er mitgmacht.“
Eißenberger: Ja, er war ja auch künstlerisch begabt. Er hat ja auch eine Mitra entworfen, war ein guter Organisator, die Bauern hat er dazu verdonnert, dass sie Materialien liefern, Spannfuhrwerke, Getreide und dergleichen. Zum Beispiel ist er nach Nürnberg gefahren und hat unter anderem Kupfer getauscht, damit er sein Kirchendach wieder machen konnte – die Kuppel. Solche Sachen hat er getrieben. Der Haberkern erzählt immer, wenn der Kaplan nachts um elf Uhr gekommen ist und hat etwas gebraucht, dann hat er das bittschön sofort haben wollen. Da musste das gleich erledigt werden.

Puchner: Mir hat er amoi gsagt, Ottmarsfeld war Filialkirche von Ellingen, da hat er Mess glesen alle 14 Tag und is mit dem Radl dorthin gfahrn. I seh ihn heut noch. Da hat er so einen Umhang umghabt. „Morgen nach der Messe sag ich zu den Bauern", – so hat er gsagt – „ich hab ein Anliegen, denn ich brauch ein Holz und ich brauch a Fuhrwerk..." Un des ham d Bauern ois gmacht. Der hat die Bauern angepumpt. Die ham erm ois zur Verfügung gstellt. Wenn der 30 000 Mark für das Kaplanshaus gebraucht hat, dann wars viel. Alles haben sie in Eigenleistung gemacht. Beim Kolping hat er so vüi Leit ghabt, und mit Feierabendarbeit, das weiß ich noch gut. Dachdecker, alle Teifi warn dabei.
Eißenberger: Für alle Anekdoten um den Gregor Schneid ist der Hans Haberkern der ideale Ansprechpartner.
Puchner: Der Kaplan hat ein Kriegsleiden gehabt.
Eißenberger: Irgendetwas mit der Lunge? Oder mit dem Magen? Aber er wollte eigentlich in die Mission...
Puchner: Die Mission, des hams ern net genehmigt. Aber dann hat erm doch die Kirchenverwaltung auch Ärger gmacht. Da kam der Schneid eines Tages, meine Studenten warn scho da, zu mir in die Klassenräume und ruft: „Stelln Sie sich vor, Herr Professor, dieser Kirchenrat" – Deppen und was er sie ois gheißen hat –, „ham mir das Bad nicht genehmigt fürs Kaplanhaus. Der braucht kein Bad, ham die gsagt." Da sagt er, jetzt geh ich aber nachmittags nach Eichstätt. Der Baureferent von der Diozöse ist ein Spezi von mir, dann ist das erledigt. Tatsächlich hat er die Genehmigung kriegt. Alte Böcke hat er sie geheißen, da kann ich mich noch erinnern.
Da war der Schuster, a ganz a kloiner Moo, und der hat a Tochter ghabt, so a Blonde, die war in der Post. Die hat die Post geleitet, gegenüber von der Sonnenwirtin.
Eißenberger: Die ist verstorben, die war weit über neunzig.
Puchner: Ich hab sie mal auf dem Friedhof getroffen, wie i den Kaplan sein Grab aufgsucht ha. Wenn i in Treuchtlingen beschäftigt war, bin i ab und an mal ausgstiegn, da hab i die Schmittlein, die Wirtin, troffa, sie war scho sehr klapprig.
Wir warn ja oft in der „Sonne" bei der Schmittlein, die hat so dünne Pfannakucha macha kenna. Der Schorer, der Bildhauerprofessor, hat manchmal 20 Pfannakucha gessn, herrlich war des.
Auch mit dem Pfarrer Kreutz waren wir oft im Wirtshaus. Da war auch der Dulln da, der Sozialdemokrat, der Häusler Dulln. Der hat da bei der Sonnenwirtin a bißl mitgred, dem hat doch ein Schutzmann in Berlin die Sehnen durchgschnittn mit em Säbel, bei einer

Demonstration. Der war so a Ballonmütznsozi. Wie er recht schlecht beieinand war, is der Kaplan komma und wollt'n bekehrn. Da hat der Dulln gsagt: „Satan weiche von mir..." (Gelächter) „Schwarzer Hund!" hat er ihn gnennt. Aber der Kaplan hats immer wieder probiert. Der wollte den Dulln einfach noch in die Kirche reinschleusn, aber es is nicht ganga. So ein Krippi, so ein elendiger. Immer hat er so a Mützn aufghabt, so a oite, und mit em blaua Monteuranzug is er allweil ins Wirtshaus ganga. Kann mi noch gut erinnern an den Dulln, der war a Orginal. Am Schluss war er in der Armenwohnung am Pleinfelder Tor, dort hat der Dulln seine letzten Tage verbracht. Ihn konnte der Kaplan einfach nicht bekehren.
Aber da hab ich einmal eine Schülerin ghabt, die war ein BDM-Mädchen aus der Weimarer Gegend, a ganz a Stramme. Die kam zu mir, die war sehr arm dran. Die hat der Kaplan konvertiert, also rumbracht. Und dann ist diese Frau in den Karmel gegangen, ins Kloster. Und da hats no rausgschrieben, sie baut das Kloster um und mauert sich selber mit ein. Der Karmel ist ja ein sehr strenger Orden. Wir haben auch nie mehr etwas von ihr gehört. Also die hat auch der Kaplan derwischt.
Dann die Ehe Schorer und Grete. Der Schorer hat Orgel gschpüit – der Kaplan ganz froh, aha, den können wir brauchen – und die Grete hat a Gesangsausbildung ghabt. Und die ham sich in der Kirche quasi kennenglernt. Die Grete war bei der Goecke und hat den Bildhauer Schorer dann gheiratet. A paar Jahr drauf.
Solche Sachen hat der Kaplan sehr oft gmacht. Dann hat er auch die Subner getraut. Die Subner hat den Hornstein gemalt, der in der Kirche hängt. Das Portrait wird immer wieder gezeigt, aber bis dato haben sie nicht gewußt, wer das Bild gemalt hat. Aber ich hab dem Specht gsagt, das war die Frau von dem Subner; wie sie mit Mädchennamen gheißen hat, woiß i nimmer. Der Specht, der ja Ministrant beim Gregor Schneid war, der hat a net gwusst, wer des Bild gmacht hat. I habs erm dann gsagt und er hats dem Archiv weitergegeben. Es is ganz dekorativ gemacht und hängt jetzt in der Kirche drinn.
Vom Kaplan weiß i einiges. Im Kaplanhaus hab i im Plan im Giebel ein Zimmer drinnghabt. „Ja für wen ist denn das?", hat er gfragt „Ja für die Haushälterin, die muss ja auch ihren Bereich ham", hab i gsagt. Da hat er seiner Haushälterin gschrien, Franziska oder so, a jungs Bauernmadla. I war also mit einem Studenten dort, und wir ham die Pläne besprochen. „Willst jetz", hat er gsagt, „oben sein oder unten bei mir?" „Ja ich will unten sein", hat's gsagt. „Ja da sehnses, Herr Professor, a Pfarrerköchin is so viel

wie an Pfarrer sei Frau. Für die muss man sorgen.“ Das hat der Kaplan zu mir gsagt, wortwörtlich. Er selber aber hat in dem Kaplanhaus ein Zimmer ghabt wie eine Klosterzelle, ein Feldbett als Liegestatt, einen Schrank, und am Schrank oben war a Totenkopf. Und ein Kreuz. Das war die ganze Ausstattung. Sonst war nichts drinn. Das weiß i gwiß. Unten hat er noch einen Gruppenraum ghabt für seine Vereine.

Eißenberger: Neulich bin ich in den Besitz von zwei Utensilien gekommen aus dem Nachlass von Gregor Schneid. Das eine ist ein geschnitzter Totenkopf. Den hat er geschnitzt für die Aufführung des Jedermann. Und dann ein altes Richtschwert, das hatte er dem Haberkern gegeben. Und als der seinen 75-er gehabt hat, da hat er gemeint, jetzt muss ich langsam mal schauen, dass diese Sachen in ordnungsgemäße Hände übergehen und hat es der Stadt vermacht. Am Anfang waren wir nicht schlüssig, hat das irgendjemand für den Gregor Schneid nachmachen müssen oder ist das ein orginal Richtschwert. Aber wir sind dahinter gekommen: Es ist ein orginal Richtschwert. Vom letzten Ellinger Scharfrichter.“

Puchner: Ui, der hat an extra Platz in der Kirch ghabt. Der durfte net mit den anderen zusammensitzen, der Scharfrichter!

Eißenberger: Es gab offensichtlich zwei Schwerter, aber das andere ist in Weißenburg im Museum. Wie es dorthin gekommen ist, wissen wir nicht.

Puchner: Also der Kaplan hat – wenn er wo war – hat er alle Kirchenböden durchstöbert. Da hat er allerhand gfunden und mitgnomma. Da war er amoi in Rom und hat Stoaner aus den Katakomben mitgnomma. Er hat sich furchtbar abgschleppt. All die Steinreste hat er gsammelt, Trümmer von Kapitelen hat er mitgnommen und hats nach Ellingen geschleppt. Hat er mir selber gsagt, dadurch, dass wir das Haus da gebaut ham miteinand, ganz einfach im Entwurf, auf Ellinger Giebelfronten ausgerüstet.

Dann hat er den Bäumler aus der Bildhauerklasse ghabt, der hat erm die ganzen beschädigten Figuren, die Hausmadonnen wieder hergrichtet, dafür hat ern der Kaplan umsonst im Turm wohnen lassen. Das Steinrelief an der Westseite des Kaplanhauses, des hat er auch gmacht.

Der Bäumler ist wie sein Professor Oberpfälzer gewesen, der hat zum Beispiel wie beim Specht einen Zementguß gemacht.

Das Pfarrhaus hat die Stadt gebaut, war Baulast der Stadt. Da war der Baudirektor, ein Herr Gessler, der war oberschenkelamputiert, der hat aber nie eine Prothese getragen, der konnte sich nicht daran gewöhnen. Der hat sich mit Krücken geplagt, das kann man sich

gar net vorstellen wie. Ich hab öfter mit erm zu tun ghabt – er is jetzt scho lang gstorben –, weil ich den Chor des Bamberger Doms umgebaut hab für die neue Liturgie nach dem Zweiten Vatikanischen Konzil, und verschiedens andere.
Der Florian Sangl is damals mit den Plänen vom Kaplanhaus zum Gessner gegangen und hat erm erzählt, er möcht das Haus so ham. Eines schönen Tages ist der Gessner in mein Atelier gekommen, da hab i meine Skizzen von dem Kaplanhaus dort hängen ghabt. „Jesses", sagt der da „jetzt weiß ich, wo der Bandit die Ideen herhat, i hab mi scho gwundert, dass der da draufkämma is..." Aber des war ja i. Jetzt hat der Sangl dem, ohne dass er gsagt hat, wo er den Plan herhat – i hab ja viele Zeichnungen gmacht ghabt, weil man sehen muss, wie das ausschaut – jetzt hat er die einfach eingreicht. So ist das entstanden. Jetzt hat erm der Gessler derwischt. Der Florian Sangl, des war a elender Krüppel. Gred hat er so „Grüß Gooot" (mit Fistelstimme). Ganz a scheinheiliger Teifi, der hat gsagt, er muss nachschlagen, was geistiger Diebstahl ist, in der Moraltheologie. Mein Gott, a paar Hundert Mark hab i dann kriegt, und er hat mirs dann auch gezahlt, aber probiert hat ers, der Sangl Florian.
Aber dann hat er doch auch was Gscheits doa.Wie war des denn mit dem Severin, dem heiligen Severin aus der St.-Georgs-Kirche, der beim Bobenangriff so sehr beschädigt worden is? Hat den der Sangl net richten lassn? Bei den Nonnen in Zell. Die ham ern neu gfasst. Aber bestimmt hat des der Kaplan eingfädelt ghabt.
Mei, die Akademiezeit in Ellingen...

Bürgermeister-Rede zur Ausstellungseröffnung

Liebevoll haben die Ellinger ein Archiv im ehemaligen Franziskanerkloster eingerichtet, das Gregor Schneid für alle Zeiten zu „unserem Kaplan" gemacht hat. So hätten sie ihn auch genannt, hätte er es zum Papst gebracht.
1993 haben sie sogar eine Ausstellung über Gregor Schneid im Pleinfelder Tor gemacht. Und Bürgermeister Eißenberger hat sie eröffnet. Hier seine Rede:
„Meine sehr geehrten Damen und Herren!
Bereits zur Tradition geworden ist es, das Altstadtfest mit einem historischen Bezug zu eröffnen. War es 1985 die Einweihung des Rokoko-Rathauses nach erfolgtem Umbau, 1987 die Wiedereröffnung des vollkommen restaurierten Pleinfelder Tores, 1989 die of-

fizielle Vorstellung unseres Barockrundweges und 1991 die Übergabe des neugestalteten Schlosstorplatzes, so wenden wir uns diesmal der jüngeren Vergangenheit zu, um eines Mannes zu gedenken, der trotz seines nur relativ kurzen Wirkens in Ellingen sich bleibende Verdienste um diese Stadt erworben hat: dem Priester und Künstler Gregor Schneid.

Ihm ist eine Ausstellung im Pleinfelder Tor gewidmet. Ich danke allen, die uns für diese Ausstellung Exponate zur Verfügung gestellt haben. Ohne Ihre Bereitschaft, liebe Leihgeber, wäre es nicht möglich gewesen, das segensreiche Wirken Gregor Schneids umfassend darzustellen. Vielen Dank dafür.

Zu danken habe ich auch denen, die diese Ausstellung aufgebaut haben. Hier waren viele Stunden notwendig, um die Konzeption zu entwickeln, die Exponate zusammenzutragen und sie in einem würdigen Rahmen zu präsentieren. Namentlich und stellvertretend für alle, die mitgeholfen haben, danke ich dem Initiator und Hauptorganisator Max Bayer ganz herzlich.

Wer war Gregor Schneid? Wenn man mit Ellingern redet, die die Nachkriegszeit miterlebt haben, so wird deutlich: Er war eine starke Persönlichkeit mit ausgeprägtem Willen, Durchsetzungsvermögen, Kreativität und Phantasie, vor allem aber ein Mensch, der aus seinem Glauben die Kraft und Zuversicht schöpfte, die er seinen Mitmenschen liebevoll und mit Wärme weitergab.

Gregor Schneid wurde am 14. Juni 1910 in Eitensheim geboren, als Sohn des dortigen Bahnhofsvorstehers. Nach der Volksschule ging er zu den Missionsbenediktinern von St. Ottilien am Ammersee. Dort machte er sein Abitur und studierte Theologie. In den klostereigenen Handwerkstätten machte er erste Bekanntschaften mit verschiedenen Kunst- und Handwerkstechniken. Hier wurde der Grundstock für sein künstlerisches Wirken gelegt.

1936 zum Priester geweiht, verwehrte ihm die göttliche Fügung seinen Wunsch, in die Mission zu gehen. Eine Operation, bei der ihm ein Großteil des Magens entfernt wurde, ließ ihn für diese Aufgabe gesundheitlich nicht geeignet erscheinen. Vielleicht ist es aus diesem versagten Lebenstraum zu erklären, dass er in seinem Priesterleben immer nur relativ kurze Zeit auf einer Pfarrstelle blieb, um diese wieder zu verlassen, wenn er seine persönlich gesteckte Mission als erfüllt betrachtete. Von 1938 bis 1945 war er als Kooperator in Spalt tätig und betreute dort vor allem die Filiale Hagsbronn.

In einer kalten Märznacht des Jahres 1945 kam er mit dem Fahrrad durch das am 23. Februar zerbombte Ellingen und sah die stark be-

schädigte St.-Georgs-Kirche. Seiner eignen Erzählung nach ging er in den Kirchenraum, der wie mit einem Leichentuch mit Schnee bedeckt war, und kniete ergriffen vor dem Altar nieder. Er spürte,. dass seine künftige Aufgabe hier in Ellingen sein sollte. Und so kam er nach Ellingen und nahm sich der Wiederherstellung der Kirche an. Er tat dies in der ihm eigenen, unnachahmlichen Weise und legte selbst mit Hand an, wo es nur ging. So ist es zu erklären, dass mir vor kurzem ein gebürtiger Stopfenheimer, der heute als Pensionist in München lebt, erzählte, er habe als Zimmermann der Firma Schielein an der Reperatur des Dachstuhles mitgearbeitet. Und mit dabei war auch immer Gregor Schneid in seinem blauen Overall, um, wenn es an der Zeit war, in die Kirche zu eilen, das Messgewand über den Arbeitsanzug anzulegen, und die heilige Messe zu feiern, um danach wieder aufs Dach zu kommen, nicht ohne den Zimmerleuten eine Zigarre mitzubringen.
Ganz ausgeprägt und in dieser Zeit äußerst wichtig war auch sein – und hier im Sinne des Wortes gemeintes – Organisationstalent. Wer von denen, die ihn persönlich kannten, erinnert sich nicht, dass er bei den Bauern Ellingens und Umgebeung Naturalien sammelte, um diese mit dem Schmidtleinschen Holzvergaser-Bulldog nach Nürnberg zu fahren und gegen Kupferblech einzutauschen, um damit den Turm einzudecken? Oder an die Geschichte, als der damalige Regierungspräsident Schregele das im Wiederaufbau befindliche Ellingen besuchte, einen gerade mit Verputzerarbeiten beschäftigten Mann in der Kirche, der mit blauem Overall, Gebirgsjäger-Schirmmütze und hohen Stiefeln bekleidet war, nach dem Kaplan Schneid fragte und der Befragte antwortete, er würde den Kaplan suchen, um in die Sakristei zu gehen, sich umzuziehen und als Kaplan Schneid wieder zu erscheinen.
Nach seiner Tätigkeit als Geistlicher und „Baupfarrer“ hat Gregor Schneid aber auch das öffentliche Leben Ellingens sehr geprägt. So war er aktives – und die Betonung liegt auf diesem Wort –Mitglied nahezu aller Vereine.
Er hat den damaligen Gesellenverein wieder mit Leben erfüllt, dem Vorgänger unserer jetzigen Kolpingsfamilie. Unvergessen auch die von ihm einstudierten Theaterstücke und Darbietungen, man denke nur an den „Freischütz“, der im Sommerkeller aufgeführt wurde.
Nachdem am 14. Dezember 1953 die St.-Georgs-Kirche wieder eingeweiht wurde, sah Gregor Schneid seine Mission in Ellingen als beendet an und verließ Ellingen am 7. März 1954, um wieder ins Missionskloster der Benediktiner nach St. Ottilien zu gehen.

Auch eine neuerliche Bewerbung, in den Missionsdienst zu gehen, blieb unerfüllt, so dass er im Sommer 1954 eine Vikarstelle in Gungolding antrat, ehe er am 15. Dezember 1955 seinen Dienst in Dettenheim antrat. Dort leitete er zusammen mit Bürgermeister Roth, mit dem ihn eine persönliche Freundschaft verband, den Beginn der Scheunenkirche ein, die bereits am 23. Dezember 1956 eingeweiht wurde. Auch hier wissen Ellinger Handwerker ein Lied davon zu singen, dass kurzfristigster Einsatz gefragt war, wenn Gregor Schneid dies wünschte. Soweit ich gehört habe – belegen kann ich es nicht – soll in den Altar der Scheunenkirche aus jedem evangelischen Anwesen Dettenheims ein Stein eingebaut sein. Dies spricht für den ökumenischen Geist Gregor Schneids und für sein freies Denken, das auch durch die Aussage des damaligen Bischofs dokumentiert wird, der bei der Einweihung der Scheunenkirche gesagt haben soll: „Heute habe ich nicht nur die Augen zudrücken müssen, sondern auch die Hühneraugen“, hatte sich Gregor Schneid doch erdreistet, die Messe zum Volk hin zu zelebrieren.
Nachdem Gregor Schneid sein 25-jähriges Pristerjubiläum am 2. Juli 1961 in Dettenheim feiern konnt, führte ihn sein Weg am 16. Dezember 1962 als Pfarrer nach Markt Berolzheim, wo unter seiner Führung das Pfarrhaus und die Hedwigskirche gebaut wurde. Am 20 April 1967 schließlich verstarb Gregor Schneid in Würzburg. Auch eine Operation konnte seinen irdischen Lebensweg nicht mehr verlängern.
Auf all den Stationen seines priesterlichen Wirkens ist auch das Wirken des Künstlers Gregor Schneid nachzuvollziehen, sei es bei der Gestaltung des Altarraumes, dem Entwerfen sakraler Gegenstände oder dem Malen von Landschafts- und Heiligenbildern. Seine Kreativität und Phantasie werden für mich persönlich sehr augenscheinlich deutlich beim Bild des Erzengels Michael über der Kannzel der St.-Georgs-Kirche. Ihm hat Gregor Schneid einen Bombensplitter als Ersatz für das verlorengegangene Schwert gegeben.
Meine sehr verehrten Damen und Herren, ich konnte ihnen nur in Stichworten einiges über das Leben und Wirken Gregor Schneids als Priester und Künstler vortragen. Die Ausstellung soll etwas gegenständlicher Ihnen und uns Gregor Schneid näherbringen. Wir wollen damit einen Mann in Erinnerung bringen und würdigen, der sich um Ellingen verdient gemacht hat. Ich hoffe, wir werden diesem Anspruch gerecht.“

Gregor Schneid und Adolph Kolping

Ein Parallelleben im Abstand von hundert Jahren

Beide wurden in kleinen Verhältnissen geboren, beide haben den Priesterberuf nicht selbstverständlich erreicht.
1845 wurde Kolping zum Priester geweiht und konfrontiert mit Armut, Verelendung, ja Versklavung der Arbeiter im gesellschaftlichen Wandel der Industriealisierung.
1945 kommt Schneid nach Ellingen, wird konfrontiert mit Zerstörung durch einen irrsinnigen Krieg, mit Elend, Schwächung und Trauer der Menschen.
1849 gründet Kolping den ersten Katholischen Gesellenverein, der den Mitgliedern Hilfe bietet innerhalb einer familienähnlichen Freundschaft. „Das Schicksal der Familie nämlich ist über kurz oder lang das Schicksal des Landes."
1946 erfolgt die Neugründung eines Gesellenvereins in Ellingen. Der Präses heißt Gregor Schneid.
Für beide folgen Jahre segensreicher Tätigkeiten. Beide sind Seelenhirten. Beide Künstler.
Der eine schreibt. Schreibt für verschiedenen Zeitungen und Zeitschriften, gründet die „Rheinischen Volksblätter", die schnell zu einem der erfolgreichsten katholischen Presseorgane ihrer Zeit wurden und deren Gewinn zur wirtschaftlichen Sicherheit der Gesellenvereine beitrug, die inzwischen gegründet worden waren. Bis zum Todesjahr Adolph Kolpings, 1865, gab es 418 solcher Vereine, die der Jugend nicht nur Herberge, sondern auch Schule waren. Schule, die es den jungen Handwerkern ermöglichte, sich religiös, politisch, fachlich zu bilden. In nur kurzer Zeit hatte sich diese Idee der Selbst- und Gemeinschaftshilfe bis über die Grenzen Europas hinaus verbreitet.
Der andere baut. Baut die kriegszerstörte St. Georgs-Kirche in Ellingen wieder zu ihrem alten Glanze auf, baut in Dettenheim aus einer Bauernscheune eine kleine Kirche, einen neuen Zufluchtsort für Heimatvertriebene, für Katholiken wie Protestanten, hilft in Markt Berolzheim eine ganz neue, schöne, moderne, helle Kirche fertig zu stellen.
Beide sterben jung. Viel zu jung. Adolph Kolping – nach lange ertragener Krankheit – mit 52 Jahren. Gregor Schneid wird mit 56 Jahren aus dem Leben gerissen. Kaum vorgewarnt. Beide unter Erstickungsanfällen.

1991 wird Kolping von Papst Johannes Paul II. selig gesprochen mit der Begründung: „Solche Leitbilder wie Adolph Kolping brauchen wir für die Kirche heute."
Das gilt auch für unseren Kaplan. Ein Grund mehr, weswegen wir Gregor Schneid nicht vergessen dürfen.

Chronik der Kolpingsfamilie Ellingen

1945. In Ellingen hat der zu Ende gehende Krieg eine schreckliche Spur hinterlassen. Als man das Ende herbeisehnte, kam der Krieg in seiner ganzen Grausamkeit über unsere Deutschordensstadt. Am 23. Februar 1945 zerbombten amerikanische Flieger auch das Kolping-Vereinslokal, die „Krone", den Pfarrhof und das Kaplanhaus. Die St.-Georgs-Kirche wurde an der Nordwestseite von einer Bombe getroffen.
1946. Kaum ein Jahr später wurde während des Wiederaufbaus die Neugründung des Gesellenvereins vorbereitet. Am 18. Februar 1946 trafen sich mit Präses H. H Stadtkaplan Gregor Schneid junge Männer, die an einer Neugründung interessiert waren, im Gasthaus „Zum Hirschen", das bis 1950 Vereinslokal wurde.
Präses wurde Kaplan Gregor Schneid und Senior Hans Haberkern. Der Kaplan war die treibenden Kraft der Wiederherstellung der Kirche. Lebendig geblieben ist die Erinnerung an ihn, der der Jugend in seiner rauen und herzlichen Art ein Vater ganz im Sinne Adolph Kolpings war.
Die Nachkriegszeit war neben dem materiellen Mangel – es fehlte einfach an allem – auch von einem enormen Hunger nach geistigen Erfahrungen geprägt. Man konnte wieder „frei atmen" und sich neu orientieren. Wie ein Missionar überzeugte Gregor Schneid für eine christliche Grundhaltung bei handwerklichen und künstlerischen Arbeiten an der „Baustelle Kirche" und als Spielleiter bei Theater- und, man staune, einer Opernaufführung mit der Ellinger Jugend.
Folgende Stücke kamen zur Aufführung: „Fahr'n mer, Euer Gnaden" ein musikalisches Lustspiel, „Die Räuber" von Schiller, „Der Raub der Sabinerinnen".
Die romantische Oper „Der Freischütz" von Carl Maria von Weber wurde in der Naturkulisse des Ellinger Sommerkellers aufgeführt.
Die Theaterarbeit unterstützten Studenten der Kunstakademie Nürnberg, die in dieser Zeit im Schloss untergebracht war.

1955. Präses Gregor Schneid wurde Kurat in Dettenheim, wo er zusammen mit seiner Gemeinde und der überwiegend evangelischen Dorfgemeinschaft die St.-Gundhildis-Scheunenkirche schuf.
1967. In diesem Jahr waren drei Geistliche zu betrauern, die der Ellinger Kolpingsfamilie eng verbunden waren. Es verstarben: Pfarrer Gregor Schneid, der amtierende Stadtpfarrer Florian Sangl und der ehemalige Präses, Kaplan Josef Dürrer.
1997. Zum 30. Todestag von Gregor Schneid fand ein sehr gut besuchter Gedenkabend im Pfarrheim statt.

Max Bayer/Klaus Weber in: 1100 Jahre Ellingen 899–1999

EIN HIRTE war GREGOR SCHNEID

Der Priester und Künstler Gregor Schneid

Die Themen seiner künstlerischen Arbeiten waren häufig Landschaften und immer wieder Heiligendarstellungen. Sein künstlerisches Schaffen galt vor allem Themen aus dem kirchlichen Leben. So entwarf er für das Benediktinerkloster Plankstetten u. a. Glasbilder für einen Teil des Kreuzganges. Plankstetten war für ihn ein Ort der Einkehr, den er regelmäßig aufsuchte, um einige Tage in der Mönchsgemeinschaft zu verbringen. An der damaligen Klosterschule gab er während dieser Tage Zeichenunterricht. Als die St.-Georgs-Kirche nach dem Wiederaufbau eingeweiht wurde, ging auch seine Ellinger Zeit zu Ende.
Im Dezember 1955 trat er eine neue Stelle als Kurat in Dettenheim an, wo er für die Heimatvertriebenen als Seelsorger eingesetzt war. Die Gottesdienste konnten zunächst nur im Saal des Dettenheimer Schlösschens der Familie Vorbeck, in dem eine kleine Kapelle eingerichtet wurde, gehalten werden. Der Raum reichte bei weitem nicht aus, die ständig wachsende Gemeinde, die sich aus mehreren Ortschaften zusammenfand, aufzunehmen. Es entstand der Wunsch, einen größeren eigenen Kirchenraum zu errichten. In der zum Schlösschen gehörenden Scheune konnte dies verwirklicht werden. So entstand die Dettenheimer Scheunenkirche, die die unverwechselbare Handschrift von Gregor Schneid trägt und im wesentlichen seine Schöpfung ist.

Max Bayer in: 1100 Jahre Ellingen 899–1999

DIE DETTENHEIMER JAHRE 1955–1962

Dettenheim und seine Scheunenkirche

1954: Ellingen wurde ärmer. Kaplan Schneid verließ die kleine Stadt, und die Akademie der Bildenden Künste kehrte nach Nürnberg zurück.
Nach einem Aufenthalt in der Erzabtei St. Ottilien und einer Stelle als Aushilfspriester in Gungolding 1955 kam Gregor Schneid am 15. Dezember 1955 als Kurat nach Dettenheim.
Im Jahr 914 (nach anderer Quelle sogar bereits 802) wurde Dettenheim im Salbuch der Reichserbmarschälle von Pappenheim als Tetenheim (später auch Tetorsheim = Heim des Tetor/Dietrich) erstmals urkundlich erwähnt.
Die Besiedlung des Ortes geht aber wohl bis in die Steinzeit zurück; so fand man bei archäologischen Ausgrabungen östlich von Dettenheim eine Reihe von Hügelgräbern aus der Bronzezeit, und auch das 1889 entdeckte alamannische Reihengräberfeld ist ein beredtes Zeugnis der Vergangenheit. In den Jahren 1057–75 erfolgten der Bau und die Weihe der ersten Kirche. 1214 ging das Dorf in den Besitz der Marschälle von Pappenheim über, 1350 wurde von Ritter Reinmar von Kreßberg auch der Zoll in Dettenheim an den Marschall von Pappenheim verkauft. Während des Bayerischen Krieges zwischen Herzog Ludwig dem Bärtigen und Markgraf Friedrich von Brandenburg 1420–22 wurde das Dorf vollständig niedergebrannt; ein ähnliches Schicksal wiederholte sich im Dreißigjährigen Krieg, an dessen Ende von ursprünglich 42 Familien noch ganze zwei im Dorf verblieben waren. Im Spanischen Erbfolgekrieg waren es 1704 französische Truppen, die das Dorf plünderten und verwüsteten; von der oberhalb des Dorfes verlaufenden Front ist noch die Sternschanze, ein vierstrahliges sternförmiges Schanzenwerk mit Wall, vorgelagertem Graben und überhöhten Ecken als Geschützstände erhalten geblieben. Ein in den Jahren 1721/22 aus Holz erbautes Schlösschen wurde später wieder abgetragen und 1782 durch einen Steinbau ersetzt, der sich heute in Privatbesitz befindet.
Mit der Rheinbundakte 1806 wurde die Grafschaft Pappenheim, zu der Dettenheim nach wie vor gehörte, Teil des neuen Königreichs Bayern. Der Erste und der Zweite Weltkrieg bedeuteten einen erneuten tiefen Einschnitt für die Entwicklung des Dorfes, insgesamt 42 Männer kehrten aus beiden Kriegen nicht mehr zurück. Ab

1946 fanden viele vertriebene Sudentendeutsche den Weg nach Dettenheim, was zu einem plötzlichen Anstieg der Einwohnerzahl führte. Bis zur Gemeindegebietsreform 1972 selbständig, entschieden sich die Einwohner in einer Abstimmung dafür, zukünftig ein Ortsteil der Großen Kreisstadt Weißenburg in Bayern zu werden. Dettenheim zählt 2010 rund 450 Einwohner.

Die aus Aschaffenburg stammende Familie Vorbeck erwirbt 1932 das 1782 erbaute Pappenheimer Grafenschlösschen am südlichen Ortsrand von Dettenheim.
Die Familie erhält nach dem Krieg vom Eichstätter Bischof Dr. Michael Rackl die Erlaubnis, bei Taufe, Erstkommunion und ähnlich wichtigen kirchlichen Ereignissen im Schlösschen das Heilige Messopfer zu feiern. Ab diesem Zeitpunkt war dieses Schlösschen nicht nur Wohnsitz der Familie Vorbeck, sondern auch Pfarr- und Gotteshaus.
Der „Blaue Saal" im ersten Stock wurde in einen provisorischen Kirchenraum umgewandelt. Bis zu 200 Gläubige versammelten sich an den Sonntagen dort um den jeweiligen Geistlichen: erst Domkapitular Zischek, dann Pfarrer Joseph Dürmuth bis zu seinem tödlichen Fahrradunfall. Bischof Dr. Josef Schröffer berief daraufhin Kaplan Gregor Schneid nach Dettenheim.
In Unterlagen der Katholischen Pfarrei Weißenburg i. Bayern kann man lesen:
Es dauerte nicht lange, und dem neuen Kuraten wurde es in der provisorischen „Schlosskapelle" zu eng. Zusammen mit Herrn Emil Vorbeck wurden Planungen angestellt, in die Fachwerkscheune des Anwesens von 1814 einen schlichten Kirchenraum zu integrieren.
Kurat Schneid war wieder in seinem Element. Im Mai 1956 ging es bereits los. Ob Planung oder Ausführung – egal welche Handwerksarbeiten anstanden –, der Seelsorger war auf allen Gebieten ein Könner, mit allen Wassern gewaschen und immer an vorderster Front.
Zunächst musste aber erst ein neuer Hühnerstall gebaut werden, denn die Hühner der Familie Vorbeck waren in der alten Scheune untergebracht. Nach der Scheunenentrümpelung wurde im Süden eine Wand durchbrochen, und ein 50 Quadratmeter großer, teilweise unterkellerter Anbau für den Chor und die Sakristei mit Beichtzimmer angesetzt.
Auf dem Dachboden wurde eine Empore geschaffen, die auch als kleine Kapelle nutzbar ist, mit Platz für eine Orgel. Zudem war es

nötig, den Dachstuhl zu erweitern, den Fußboden mit Solnhofener Platten zu belegen, die Jura-Steinwände zu verfugen und die sonstigen Ausstattungen anzuschaffen.
Als das meiste schon geschehen war, wurde auch ein Bauplan beim Landratsamt eingereicht, der dann noch rechtzeitig vor der Einweihung seine Genehmigung erhielt. Zu Weihnachten 1956 wollte man ja fertig sein.
Kurat Gregor Schneid war nicht nur Bauherr, Architekt, Maurer, Handlanger, Geldbeschaffer, Materialbesorger und Organisator, sondern auch der gestaltende Künstler. Der evangelische Bürgermeister Karl Roth konnte schnell für das Vorhaben gewonnen werden.
Mit dem Satz des angesehenen Bürgermeisters: „Selbstverständlich müssen auch die Katholiken ihre eigene Kirche haben...“, begann eine einzigartige ökumenische Zusammenarbeit in der Gemeinde. Auch das benötigte Bauholz gab es selbstverständlich kostenlos aus dem Gemeindewald. Alteingesessene evangelische Bauern holten Steine aus den Brüchen, Kies aus den Gruben, Holz aus dem Wald.
Dieses gemeinsame Handeln von evangelischen und katholischen Gemeindemitgliedern fand damals ein nicht erwartetes Echo. Journalisten von Tageszeitungen und Illustrierten berichteten von jener einmaligen Gemeinschaftsarbeit dieses fränkischen Dorfes.
Ein Boulevardblatt schrieb: „Äußerlich blieb das Gebäude eine Scheune mit einem Kreuz, das, aus zwei Wagenachsen geschmiedet zum Himmel zeigt und darauf hinweist, hier haben, weil sie alle unter dem Kreuz Christi stehen, die Katholiken und die Evangelischen gemeinsam dem Herrgott ein Haus gebaut. Von Dettenheim können manche Leute eine Menge lernen: vom Schneid des Pfarrers Schneid und der schneidigen Tat seines Dorfes.“
Und tatsächlich: Am 23. Dezember 1956 rief zum ersten Mal die Glocke vom Holzkampanile zum gemeinsamen Gebet, zum Gottesdienst. Wie diese 1611 vom Glockengießer Paur aus Amberg gegossene Glocke nach Dettenheim gekommen war, ist nicht mehr bekannt. Vorbecks konnten erzählen, dass sie mit dem Glockengießer verwandtschaftlich verbunden waren.
Wenn man den „Stall“ – die Scheunenkirche – betritt, fallen an den Kirchentüren eiserne Symbole auf: eine Gnadensonne, ein Hirtenstab und ein Schafspferch. Sie deuten auf den „guten Hirten“ hin, der sich um seine Herde sorgt und sie schützend in seinem Stall – in seiner Kirche – aufnimmt. Über dem Portal ist ein farbiges Glasfenster: Christus am Kreuz. Daneben sind zwei Schächer-

kreuze. Im kleinen Fenster neben dem Portal befindet sich eine Glaseinlegearbeit, die ein Deutschordenskreuz darstellt. Weitere Symbole finden sich auch in der Kirche, z. B. schon im Steinfußboden: ein Auge Gottes, das Wappen der Familie Vorbeck – der Eigentümerin der Scheunenkirche – sowie ein Deutschordenskreuz. Dieses Deutschordenskreuz hatte für Kurat Schneid eine besondere Bedeutung: Er war seit seiner Ellinger Zeit Mitglied des Deutschen Ritterordens.
Kurat Schneid setzte den Altar als Volksaltar in den Chorraum. Dies war 1956 eine Sensation, denn erst sieben Jahre später hat das II.Vatikanische Konzil diesen Ort überhaupt erlaubt. Die schwere Marmortischplatte ruht auf aus Dettenheim stammenden grob behauenen Jurasteinen. Die von evangelischen Baueren gebrachten Steine bilden das Fundament des Altars. Der unterste mittlere Stein, auf dem der Reliquienschrein ruht, stammt vom Altarsockel der historischen Gundhildiskapelle in Suffersheim.
Der Tabernakel steht in einer Nische – der zelbrierende Priester hat den Schrein im Rücken. Für das damalige liturgische Verständnis musste der schwere Schrein bei der Kirchenweihe aus der Nische genommen und auf den Altartisch gestellt werden.
Das über dem Altar an Ketten hängende schmiedeiserne Kreuz ist ebenfalls von Kurat Schneid gefertigt worden. Die Zwischenräume sind mit Kupferblech geschlossen, die aber eine gewisse Transparenz erkennen lassen, und so kann Christus als vom Kreuz gelöst und damit als Auferstandener gedeutet werden.
Soweit die Aufzeichnungen der Pfarrei Weißenburg.
Am 4. Adventsonntag 1956 also fand die feierliche Einweihung der kleinen Kirche durch Dompropst Dr. Bruggaier statt. Gregor Schneid hatte ein Wunderwerk geschaffen, mit Hilfe vieler.
Es kamen Journalisten nach Dettenheim und berichteten darüber, der Bayrische Rundfunk widmete der Scheunenkirche eine Sendung. Um die Scheunenkirche zu sehen, reisten an: ein Bischof aus Borneo, Pater de Mederios, ein Dominikanerprovinzial von der Elfenbeinküste, viele andere Hochinteressierte.
Am 11.September 1957 kam sogar Konrad Adenauer. Gregor Schneid überreichte ihm einen Blumenstrauß und bekam Handschlag und lobende Worte zurück. 1967 sollte der Priester nur einen Tage später als jener wohl bedeutendste Politiker der Nachkriegsjahre sterben. Der eine hochbetagt mit 92 Lebensjahren, der andere viel zu früh. Sechsundfünfzigjährig.

EIN KÜNSTLER war GREGOR SCHNEID

Die Ikone von Dettenheim

Die von Gregor Schneid geschaffene Ikone auf der linken Seite des Kirchenschiffes ist eine meisterliche Ausschnitt-Kopie der berühmten Ikone „Gottesmutter von Wladimir". Eine Legende besagt, dass diese Ikone eines von drei Porträs ist, die der Evangelist Lukas von der Gottesmutter und dem Christuskind gefertigt habe. Im 5. Jahrhundert soll sie dann auf Befehl Kaiser Theodosius' II. von Jerusalem nach Konstantinopel gebracht worden sein. Aufgrund von Untersuchungen steht fest, dass die Ikone im frühen 12. Jahrhundert in Konstantinopel hergestellt wurde. Nach einer kurzen Zeit in Kiew wurde die Ikone 1155 nach Wladimir gebracht, wo sie in der Uspenskij-Kathedrale verwahrt wurde; daher rührt ihre Bezeichnung „Wladimirskaja".

1395 kam die Ikone nach Moskau. Nach verschiedenen Zwischenstationen wird sie heute in der zur Tretjakov-Galerie gehörigen Museumskirche des heiligen Nikolaus gezeigt. Sie gilt als russisches Nationalheiligtum.

Gregor Schneid hat den Ausschnitt gewählt – Gesicht und Hals der Gottesmutter, das Gesicht des Christuskindes und unbedeutende Partien des Hintergrundes – , der noch unverändert aus der Entstehungszeit der Ikone im 12. Jahrhundert stammt.

Man darf davon ausgehen, dass Schneid in diesem Werk auch die ökumenische Symbolik gesehen hat und zum Ausdruck bringen wollte. „Dieses Bild hat eine besondere Bedeutung für die Wiedervereinigung der Christen des Westens und des Ostens," sagte Papst Johannes XXIII. am 1. Februar 1959 zu einer Gruppe von Armeniern:und fügte hinzu: „Die beste Hoffnung für eine Wiedervereinigung zwischen den orthodoxen Kirchen und der Kirche von Rom ist unsere gemeinsame Liebe zur Muttergottes." Johannes XXIII. setzte große Hoffnungen auf die Anstrengungen, die für die Wiedervereinigung unter den Christen im Zeichen Mariens gemacht werden. Zu diesen ökumenischen Ansätzen gehörte im Westen auch die Verehrung des russischen Muttergottes-Bildes. *Walter E. Keller*

Erinnerungen aus der Familie Vorbeck

Von Frau Birgitta Nickl, geb. Vorbeck

Die kleine Kirche ist heute wie zu Gregors Zeiten, lediglich das Oberlicht ist anders, was ich nicht so schön finde. Leider hat das die Diözese Eichstätt geändert.
Es ist so: Die Kirche gehört uns, den Vorbecks, wurde aber gemäß eines notariellen Vertrags der Diözese Eichstätt bis 2056 zur unentgeltlichen Nutzung überlassen. Und die hat die Baulast. Und dadurch mussten sie, denn es hat reingeregnet, die Decke erneuern, und dabei haben sie leider, das war der gute Schattner [Diözesanbaumeister], da hab ich mich mit ihm gestritten, aber es nutzte nicht, das Glas durchgehend gemacht. Früher fiel das Licht so schön geteilt in den Raum, heute so rumsdibums in den Raum und überflutet ihn.
Gregor Schneid selbst hat es so gemacht: das berühmte Fastentuch. Da hat er einen Sack genommen, Sackleinen, und hat die Kinder in der Schule entwerfen lassen auf Papier, die Leidenswerkzeuge Christi, Dornenkrone usw. Und dann hat er sie übertragen auf diesen Sack: Der wurde dann immer am Passionssonntag aufgehängt. Vor das Allerheiligste. Klug. Da sind die Kinder voller Stolz in die Kirche gekommen. Das war dann der Gunthildisteppich.
Er war ja auch Deutschordensritter. Er hat in der Scheunenkirche im Fußboden ein Deutschordenskreuz als Intarsie gemacht – wenn man zum Altar vorgeht, ziemlich weit vorne. Er ist manchmal von Deutschordensbrüdern besucht worden.
Die Ikone, dann der Altar, den hat er selbst entworfen. Das sind lauter Steine mit einer Marmorplatte obendrauf. Und eine kleine Öffnung ist da, für eine Reliquie. Was interessant ist an diesem Altar, und das ist typisch Gregor, unten ist eine Stein, der stammt aus der alten Gunthildiskapelle in Suffersheim. Und den haben wir dort zu zweit rausgebrochen. Er hat ihn dann hier eingesetzt. Dann gibt's noch einen weiteren Stein, der ist etwas heller als die anderen Steine, und der stammt aus einem evangelischen Haus in Dettenheim. Das sollte ein Sinnbild sein, dass katholisch und evangelisch zusammen, also gemeinsam diese Kirche gebaut haben. Dass es eine Einheit ist. Das fand ich als Idee grandios.
In Ellingen war er Kaplan, in Dettenheim Kurat, in Markt Berolzheim dann Pfarrer.
Da hat er von sich selbst gesagt – aus Quatsch: „Pfarrer Schneid ist Baumeister, Architekt, Techniker, Finanzier, macht Pläne, statische Berechnungen, malt Fresken, zeichnet..."

Er war seiner Zeit voraus, auch dass man vers populus zelebriert, hat er lange vor dem Konzil gemacht. Das ist beim Bischof nicht so gut angekommen.
Bei der Einweihung der kleinen Kirche war der Tabernakel am Altar und die Blumen – die Kerzenschaukeln waren noch nicht da – und Leuchter. So hat er ganz normal mit dem Rücken zum Volk zelebriert. Danach hat er den Tabernakel in die Nische unter dem Wandbehang gestellt und hat den Altar total frei gemacht, hat diese Kerzenschaukeln entworfen und die Kerzen obendrauf gestellt. Der Altar war so absolut frei – und dann hat er zum Volk zelebriert. Und dann ist einmal einer aus Eichstätt gekommen und hat das moniert und daraufhin hat er gesagt: „Ja..., das is jetzt a bissl a Problem. Der Tabernakel is mir zu schwer. Ich kann den also nicht runterheben. Ich werd mal sehen, ob ich jemanden find, der ihn vielleicht doch noch runterhebt. Oder wollen Sie's vielleicht probieren?" Irgendwie hat sich das dann in Wohlgefallen aufgelöst. Und dann blieb der Tabernakel für immer da drin stehen.
Er war ein richtiges Schlitzohr. Er hat es immer verstanden, die Dinge so zu richten, wie er es wollte. Er hat immer bekommen, was er haben wollte, und zwar sofort.
Er hat tausendprozentigen Einsatz geboten und hat den zurückbekommen.
Genau! Auch eine Ampel auf der Seite mit einer Kerze ist noch sein Entwurf. Und dann der Durchbruch zur Sakristei. Mit einem Gitterchen. Das ist typisch Gregor. So hat er gearbeitet, mit diesem Balken über dem Durchbruch, dann dieses schmiedeeiserne Gitter. Dann die Ikone. Die hat er an einem Nachmittag gemalt. Das ist allein sein Werk.
Woher hatte er die Materialien? Ja, da hat er sich ein Stück Holz besorgt, dann – meine Eltern waren im Wald spazieren und kamen zurück –, da sagte er: „Schauts mal her, ich hab die Ikone für die Kirche fertig." Ganz schnell konnte er das aus dem Ärmel schütteln. Er ist sicher mit der Idee lange für sich alleine gewesen, aber dann...
Das hintere Glasfenster über der Eingangstüre mit der Kreuzigung, das hat er auch entworfen. Das hat er erst auf seinen Linoleumfußboden mit Kreide geschmiert. Ich kam rein. Hab ihn gefragt: „Was machst du denn da?" „Ja ich entwerfe!", hat er gesagt. Und dann hat er ausgewischt und wieder neugemalt und so hat er auf dem Fußboden den ersten Entwurf gemacht. Dann hat ers auf Papier verbessert und hat's dem Glaser gebracht. Er war unwahrscheinlich künstlerisch.

Die Scheunenkirche in Dettenheim

Den Teppich hat meine Mutter entworfen, der ist nicht von ihm. Ausgefertigt ist die Figur der Gunthildis in Eichstätt bei den Schwestern auf St. Walburg worden, und die Schrift haben Wally Wallerberger und eine Stiefgroßtante von mir gestickt. Die Stoffapplikationen sind von den Schwestern draufgenäht worden.
Dann der Durchbruch zur Seitenempore wie auch die kleinen Luken auf der anderen Seite, die sind mit meinem Vater abgesprochen worden. Da hatte der Gregor eine etwas andere Idee. Er wollte auf der Nordseite ein großes Fenster. Aber mein Vater meinte: „Nein, nein, das wird zu hell. Wir verändern den Charakter der Scheunenkirche. Lassen wir die kleinen Luken." Und so blieben die. Das hat der Gregor eingesehen. Er war schon bereit, andere Vorschläge anzunehmen, z. B. auch bei der Empore.
Auf der Empore hat er doch immer Messen gelesen, wenn nur wenige Leute da waren.
Wo der Teppich herkommt, weiß ich nicht mehr. Die Kirche ist mit Solnhofener Platten ausgelegt.
Er hat unwahrscheinlich viel Geld flüssig gemacht. Er war sehr gesellig und er hat immer Kontakte gesucht, und darunter waren Leute, die vermögend waren, die gesagt haben: Komm, Gregor Schneid, kriegst ne Spende für deine Scheunenkirche. Also auf diese Weise hat er das gemacht. Wahrscheinlich haben ihm meine Eltern auch etwas mitgezahlt.

Er hatte ein Lieblingsmessgewand, er hat ja all seine Gewänder selbst entworfen, und häufig haben meine Eltern ihm den Stoff aus England mitgebracht, wenn sie in London waren.
Genäht haben die Gewänder die Wally, meine Stiefgroßmutter, und meine Stiefgroßtante. Drei Frauen: Die Stiefgroßmutter hat hier bei uns im Haus mitgelebt, und die Tante kam zu Besuch. Der Gregor hat da nie lockergelassen, die mussten bis tief in die Nacht hinein sticheln und nähen. Und dann kam er und hat sich dazu gesetzt und hat sie unterhalten. Und dann hat man wieder Kaffee gekocht. „Und jetzt geht's aber weiter...", hat er gedrängt. Bis nachts um eins. Er hat sie schon getrietzt! Und so hat er alles erreicht.
Eine wunderbare Erinnerung: sein Priesterjubiläum. Das war im Garten. Wunderschön. Es war ein sonniger Tag. Ein kleines Mädchen musste Blumen streuen: die Angelika. Er trug dieses Lieblings-Messgewand mit dem hohen Kragen. Er hatte auf einem Messgewand einen Edelstein...
Meine Stiefgroßmutter hatte zwei Smaragdohrringe, den einen hat sie mir geschenkt und den anderen hat sie dem Gregor geschenkt für ein Messgewand. Und den hat er sich vorne auf das Gewand gemacht. Ich weiß aber nicht, wo das hingekommen ist. In Dettenheim ist nur noch ein sehr schönes Gewand von ihm. Das hüten wir wie einen Augapfel. Das hab ich damals auch in die Ausstellung nach Ellingen gegeben. Bei dem wurden wieder zwei ganz unterschiedliche Stoffe benutzt. Es ist aus eierschalenfarbenem Sackstoff. Das passte zu seiner Statur ganz besonders.
Die Stoffe wurden ja in London in teuren Geschäften gekauft. Nicht in Spezialgeschäften für Messgewänder. Das waren oft Sofastoffe – meine Eltern wussten auch ungefähr, was er wollte, dann haben sie ihm das besorgt.
Bei diesem Jubiläum waren mehrere Geistliche da. Er hat mit zwei Priestern zelebriert; sie waren zu dritt am Altar. Er hat eine sehr schöne Predigt gehalten. Es war einfach eine ganz tolle Atmosphäre: Garten. Luft. Blumen. Menschen. Schöner Gesang. Er hat es ja auch meisterhaft verstanden, die Leute zum Singen zu bringen.
Er hat mit dieser kleinen Gemeinde, meist ganz einfache Leute, gregorianische Gesänge eingeübt! Die konnten die auf lateinisch singen! Da hat er in der Kirche gesagt: „Setzt euch mal alle hin. Heut halt ich keine Predigt. Wir machen einfach mal, bevor wir Messe halten, eine Singstunde. Muss auch sein. Jetzt nehmen wir mal z. B. die Messe acht im Gotteslob. Das ist ein gregorianischer Gesang, und jetzt singen wir mal das Kyrie. Und der Organist – das war mein Vater – musste anfangen. Und die Leute auch. Und

dann hat der Gregor Schneid gesagt: „Höi, ihr könnt ja nichts. Lauter! Lauter! Ja, schon besser." Auf diese Weise hat er die Leute animiert. Und so haben wir alle diese Messen singen können in Dettenheim.
Die Ministranten mussten ja auch vollkommen richtig die Gebete in Lateinisch verstehen und beten können.
Er hat auch sehr sehr gerne Theater gespielt. Das war eines seiner Hobbys. Das schönste Stück war wohl der „Jedermann". Den hat er in unserem Garten aufgeführt. Die festliche Szene war bei uns auf dem Balkon. Und dann hat er die Gartenfront erleuchtet. Wir haben in allen Räumen elektrisches Licht angeknipst, so war die Front erleuchtet. Und dann auf dem Balkon war der Jedermann und hielt das Festmahl mit der Buhle. Das war wirklich gekonnt. Und der Tod, der ruft, der hat aus dem Stall gerufen, er hat oben aus der Luke herausgeschaut und hat gerufen: „Jedermann! Jedermann", kam dann aber runter, bis er auf dem Balkon war. Meisterhaft hat der Gregor auch gewusst, welche Rolle zu wem passte, die Leute haben sich oft gesträubt. Ich sollte also die Buhle spielen, da war ich 17! Und ich war furchtbar schüchtern, ich hatte gar keinen Bezug zum Theater, dann hab ich gesagt: „Gregor, das kann ich nicht." „Das gibt es nicht, das kann ich nicht", hat er gesagt, „du kannst und du wirst spielen."
Es war einfach nichts zu machen. Ich musste diese Buhle spielen. Und es ging. Ich konnte es plötzlich. Er hat einfach die Gabe gehabt, aus einem Menschen alles rauszuholen, was in ihm drin war.
Der „Jedermann" auf unserem Balkon – mit einem echten Schauspieler. Der einzige! Den hat er aus Nürnberg engagiert. (Sie lacht...) Da war ich doch so enttäuscht. Ich musste als Buhle den doch umarmen, und ich hab mir immer vorher vorgestellt, da kommt jetzt ein richtiger Mann ... ein Schauspieler. Wie aufregend. Aber dann kam dieser Mann. Der war so alt und klapprig. Der hat mir überhaupt nicht gefallen. Irgendwo rührend.
Gregor war zwei Jahr in Dettenheim, da hat er den „Jedermann" aufführen lassen. Andere Stücke auch, ländliche im Wirtshaus, zu Fasching.
Auch mit Fasching war er unheimlich emsig. Wir haben unglaubliche Faschingsfeste gefeiert. Sagenhaft, mit tollster Verkleidung. Er hat sich ganz raffiniert verkleidet und hat toll mitgemacht. Er hat nicht getanzt, aber er hat dagesessen und Späßchen gemacht und Witze losgelassen. Und den jeweiligen Raum hat er phantastisch ausgeschmückt.

Dekoriert hat er gern: „Gib mir mal den Vorhang..." Und auf einmal war schwuppdiwupp alles anders bei uns im Schlösschen. Wir waren vielleicht zehn Leute. Wir und Freunde meiner Eltern, also privat.
Narrisch, er war unwahrscheinlich gesellig, er wollte immer und sehr impulsiv was Neues. Er kam nachhause und fragte: „Kinder, was machen wir heute Abend?" „Ja was machen wir, Gregor?" „Also jetzt holen wir uns erstmal eine Flasche Wein oder Bier oder irgendwas und dann setzen wir uns a wenig zamm", hat er immer gesagt. Und irgendwie kam immer Stimmung auf. Man hat sich was Lustiges erzählt. Und das ging immer so bis tief in die Nacht.
Wir haben auch Witze mit ihm gemacht. Er kam ja immer sehr spät nachhause, er war bei Leuten, um wieder Geld locker zu machen, da war er in Ellingen oder Nürnberg oder Eichstätt oder irgendwo. Die gute Wally hat ihn vorher immer gefragt: „Gregor, wann kommst du wieder?" Darauf kam immer die Antwort: „Um halb!", und dann war er weg.
Also, er kam immer sehr spät. Und einmal haben wir gesagt, dem werden wirs heimzahlen, da haben meine Eltern, mein Bruder und ich eine große Puppe gemacht aus einem alten Krug, den hat jemand von uns auf der Kirchweih geschossen, der hatte ein Gesicht, das war ungefähr so groß wie bei einem Menschenkopf. Dem haben wir einen Hut aufgesetzt, ihm einen Schal drumgewickelt und dann haben wir ein altes Jackett ausgestopft und eine Hose auch und Stiefel dran. Und diesen Kerl haben wir ihn vor seine Wohnungstüre gesetzt.
Und seinen Schlafanzug haben wir ihm zugenäht, Erbsen unter sein Bettuch gelegt, halt lauter so dummes Zeug gemacht. Und dann kam er spät abends heim und er sagte – wir waren ja schon alle im Bett –, er hätte sich tatsächlich sehr erschrocken vor dieser Gestalt vor seiner Türe. Sowas hat er aber mit Humor genommen.
Als einmal mein Vater Geburtstag hatte, kam der Gregor morgens früh schon an: „Kinder, jetzt müssen wir was machen..."
Er nahm seine Laute, wir Kinder mussten Töpfe und Deckel holen und Schlagzeug und alles was wir so fanden. Dann haben wir uns in den Blumengarten gestellt und dem Vater ein Ständchen gebracht. Einfach alles aus dem Stehgreif.
Was ganz toll war, waren seine Fronleichnamsprozessionen. Da hat er mit meinem Vater vier Altäre aufgebaut. Mein Vater war immer vollkommen nervös des Wetters wegen. Er ist dann früh um vier aufgestanden, die kostbaren Bilder aus dem Schlösschen wollte er nachts nicht draußen hängen lassen, und hat die aufgehängt.

Mit Blumen wunderschön dekoriert, haben sie die Altäre geziert. Dann ging die Prozession durch den Garten, die ganze Gemeinde war dabei.
Dieses Schlösschen kam so in den Besitz meiner Familie: Der Großvater [Adam Vorbeck] hat 1932 das Schlösschen gekauft. Der Vater meines Vaters. Er war einer der Direktoren der Zellulosefabrik in Memel. gewesen. Er hat sich zur Ruhe gesetzt und suchte sich in Bayern einen Ruhesitz. Und fand dieses Schlösschen. Er lebte mit meiner Stiefgroßmutter dort. Aber es war ihm etwas zu einsam. Dann bat er meinen Vater, der schon verheiratet war, mit hineinzuziehen. Mein Vater war freiberuflich tätig als Schriftsteller und konnte es sich somit leisten. So sind wir Kinder da aufgewachsen.
Das Haus hat eine interessante Geschichte. Ich wurde im Haus getauft, bin dort zur Beichte gegangen, zur Kommunion – und in der Scheunenkirche hab ich dann geheiratet. Wir hatten ab 1946 einen Geistlichen im Haus, einen katholischen Geistlichen aus dem Memelland, der schon meine Großeltern kannte.
Er kam 1946 auf der Flucht zu uns. Er hat von Eichstätt die Erlaubnis bekommen, jeden Tag im Haus Messe zu lesen. Und da hat mein Vater mit sehr viel Geschick zuerst auf dem Flur oben einen Altar aufgebaut – wunderschön. Und so wurde jeden Tag bei uns die Messe im 1. Stock gelesen. So kam ich mit sechs Jahren zur Beichte und bald zur Kommunion.
Aber dann ist dieser Pfarrer versetzt worden, und wir haben dann noch einen aus der Tschechei gehabt. Er war auch geflohen. Der aber ging nach Eichstätt.
Und dann hat man eine sogenannte Flüchtlingsseelsorgstelle in Dettenheim eingerichtet. Für die katholischen Flüchtlinge. Und die war also bei uns. Und da hat sich der Pfarrer Dürmut hingemeldet, der kam aus dem Erzgebirge und er war in Dachau gewesen im Konzentrationslager und hat überlebt. Er kam als Flüchtlingsseelsorger 1948 oder 49 zu uns nach Dettenheim. Er wohnte auch bei uns im Haus und brachte seine Haushälterin mit, er hatte eine eigene Küche. Die lebten bei uns, bis er verunglückte 1955. Und auf diese Flüchtlingsseelsorgerstelle hat sich Schneid dann beworben.
Und dann ist er gekommen, dieser Gregor Schneid. Mit einem Heiligenschein darf man ihn nicht sehen. Das Einzige, aber das kann man vielleicht nicht als Negativ sehen: Er konnte manchmal furchtbar aufbrausen. Er war sehr temperamentvoll, aber ungerecht ist er nie geworden, und er hat es auch sehr schnell wieder gutge-

macht. Aber manchmal ist er richtig explodiert. Aber sonst könnte ich nichts Negatives von ihm sagen.
Man hat erzählt, er sei sehr vorsichtig im Umgang mit Frauen gewesen, um nur ja nicht ins Gerede zu kommen als Priester. Den Eindruck hatte ich überhaupt nicht. Er ist nie zu weit gegangen. Es hat sehr viele Frauen gegeben, die ihn ein bissl verehrt haben. Er war eigentlich sehr locker im Umgang mit Frauen. Ich war ja damals auch ein junges Mädchen, 17, 18 Jahre alt. Er ist kumpelhaft mit einem umgegangen, freundschaftlich. Nie ist er einem zu nahe getreten, aber er hatte auch nicht irgendwelche Hemmungen. Ich vermute – so haben das auch meine Eltern gesehen –, er passte nicht in den Rahmen. Die Eichstätter wollten wohl einen Geistlichen, der mit dem Koller rumläuft und seelsorgerlich tätig ist, aber sie wollten keinen, wie er das getan hat, der selbst Hand anlegt. Er fiel aus dem Rahmen, weil er künstlerisch und handwerklich veranlagt war. Er konnte alles, es hat in gejuckt in den Fingern, er musste mitmachen. Und dieses Mitmachen hat ihm das Genick gebrochen, insofern, dass sein Werdegang anders verlief als er wollte. Dass er nicht in die Mission kam, das war krankheitsbedingt, aber er hat so viele außergewöhnliche Dinge getan. Das hatte nichts mit Frauen zu tun. Er kam z. B. in der Früh runter in Arbeiterkluft und ging in die Kirche und hat die Wände abgeklopft, damit der Stein rauskommt, dann hat er Bulldog selbst gefahren – und darüber haben die Eichstätter sich geärgert.
Und dann ist er einmal nach Eichstätt gefahren in seiner Arbeiterkluft, ist um den Dom rumgefahren, während das Domkapitel getagt hat, nach dem Motto: Ich zeig's euch schon. Er hat sich nicht beirren lassen, er war außergewöhnlich.
Er hat auch andere unüblichen Dinge getan, dass er am Abend ständig irgendwo saß und Geld eingetrieben hat, das haben die einfach nicht gerne gesehen. Das einzige, was ich weiß, wo er vorsichtig war: Wir haben die Grundmauern der Gunthildiskapelle zusammen ausgegraben, er und ich. Der Gregor hat angefangen und ich hab ihm dabei geholfen, 1957. Er hatte schon in dem Gundecarium gelesen von dieser Hl. Gunthildis, er hat deswegen – ortsgebunden – die Scheunenkirche der heiligen Gunthildis geweiht.
Es hat sich dann aber später herausgestellt, dass sie gar nicht hier gelebt hat, sondern in Thüringen. Er wusste also von dieser Gunthildis und dass der heilige Gundekar, der im 1. Jahrhundert Bischof von Eichstätt war, sie sehr verehrt hat.
Sie ist ja auch im Gundecarium erwähnt, das ist ein Buch über die Geschichte des heiligen Gundekar. Da hat der Gregor weiter re-

cherchiert und hat herausgefunden, dass der Kraft, ein Heimatforscher, der in den 1930-er Jahren geschrieben hat, schon einen Bericht verfasst hatte über eine Gunthildiskapelle im Schambachtal. Dann hat der Gregor bei den Bauern nachgeforscht und das Grundstück gefunden und ist dann dorthin, hat die Hecken weggemacht und hat angefangen zu graben.

Heute wäre das unmöglich wegen des Denkmalschutzes, aber damals war das noch nicht so. Und wie ich dann in den Ferien – ich war noch im Internat – nach Dettenheim kam, sagte er: „Komm. Du kommst jetzt rüber und hilfst mir ein bisschen." Ich war natürlich Feuer und Flamme; und da sagte er aber: „Du kannst nicht mit mir zusammen hinüberfahren, denn wenn uns jemand sieht, das macht eine ganz schlechten Eindruck, wenn ich da als Priester mit einem jungen Mädchen allein eine Radtour mache. Bitte komm eine halbe Stunde später."

Und so haben wir das dann gehandhabt, dass ich eine halbe Stunde später auch von dort wegfuhr als er. Das war die Vorsicht in diesen Dingen, aber er war lustig, lustig. Und er ist auch mit Frauen ganz lustig umgegangen. Ich hatte nie das Gefühl, dass er irgendwelche Hemmungen hatte. Er wollte weder sich noch einen anderen in irgendeinen Verdacht bringen.

Wir haben also die Grundmauern gesucht und gefunden. Und ein Bruderhäuschen daneben, da holte er einige Scherben raus. Diese Scherben – das ist ganz dumm gelaufen –, die hat er gehabt bis zu seinem Tod, und dann kamen sie an eine Nichte von ihm, und dummerweise verliert sich die Spur. Die Nichte ist dann gestorben. Was aus diesen Scherben geworden ist, weiß ich nicht. Ich hätte sie gerne gehabt und dem Herrn Richter vom Römermuseum Weißenburg vorgelegt.

Wir haben die Grundmauer und Apsis und den Altar von der Kapelle ausgegraben, die Scherben gefunden und das Bruderhäuschen angegraben. Neben der kleinen Kapelle stand es – er hat es Bruderhäuschen genannt – da hat wahrscheinlich ein Geistlicher residiert, der diese Kapelle betreut hat.

Jetzt gibt es ja einen Gunthildisverein – seit einigen Jahren –, in dem ich auch bin, die haben jetzt die Grundmauern des Bruderhäuschens aufgemauert. Die neue Kapelle vom Geisenhof steht ja nicht auf den einstigen Grundmauern, sie steht daneben. Wenn man hinkommt, steht die kleine weiße Schneckenkapelle heute daneben, und links davon sind die aufgemauerten Grundmauern. Man hat ja auch eine Grabung gemacht, aber man hat fast nichts

Das Schneckenhaus Gottes

Während der Zeit in Dettenheim ging Kurat Schneid auch der Frage nach, wo die alte Gundhildiskapelle aus den Anfängen der Christianisierung wohl gestanden haben mag. Am Nordhang des Schambachtals bei Suffersheim wurde er fündig. Er hat bei seinen Grabungen gewissermaßen das Samenkorn vergraben, aus dem schließlich ein Kapellenbauverein herangewachsen ist, der neben dem Fundament der ursprünglichen Kapelle eine ökumenische Kapelle errichtet hat, die am 13. Mai 1995 eingeweiht wurde. Gregor Schneid hätte gewiss seine Freude an dem originellen St.-Gundhildis-Kirchlein gehabt, das wegen seiner äußeren Form auch „Schneckenhaus Gottes" genannt wird.

Max Bayer in: 1100 Jahre Ellingen 899–1999

1,5 Kilometer westlich von Suffersheim lag eine Einsiedelei mit Kapelle, die im 11. Jahrhundert von Gunthildis, einer wohltätigen Magd, bewohnt († 1057?) war. Sie wurde bald als Selige und als Patronin der Dienstboten verehrt und galt als Nothelferin bei krankem Vieh. Von der mittelalterlichen Wallfahrtskirche sind nur noch Fundamentzüge vorhanden. Daneben wurde 1993–95 von freiwilligen Helfern des Fördervereins St.-Gunthildis-Kapelle e.V. nach den Plänen von Professor Johannes Geisenhof das „Schneckenhaus Gottes" errichtet, eine ökumenische Kapelle in der Grundrissform eines Ammoniten. Durch einen „Schneckengang" gelangt man in das Innere und zum Mittelpunkt, einem steinernen Ambo aus zwölf Säulen, die Stämme Israels symbolisierend. Der heiligen Gunthildis ist die Scheunenkirche im Weißenburger Gemeindeteil Dettenheim (katholische Pfarrei Weißenburg) geweiht.
Etwa 200 Meter westlich des Schneckenhauses Gottes ist 2005 eine Quelle, das Goldene Brünnlein, als Gunthildis-Brünnlein gefasst worden. Der steinerne Bildstock darüber zeigt eine Reliefdarstellung der Heiligen, ein Werk des Bildhauers Reinhard Fuchs.

Online-Lexikon Wikipedia

gefunden. Einige Scherben und eine Tonkuh, die wahrscheinlich eine Votivgabe war, und zwei drei Münzen. Viel wars nicht.
Typisch für Gregor Schneid war, dass er der Sache überhaupt nachgegangen ist. Aber das ist wieder ein Beispiel, wo die Eich-

stätter gesagt haben: Was macht er da eigentlich? Ist er ein Archäologe oder ein Geistlicher? Dass er sich halt manchmal zu weit vorgewagt hat, in Bereiche, wo man sagen könnte, du nimmst diene Aufgabe als Geistlicher nicht ernst genug. Aber das genau hat er nicht getan.

Zuerst kam der Priester Gregor Schneid, er nahm seine Aufgaben sehr ernst. Er wollte ja ursprünglich in die Mission, war schon in St. Ottilien gewesen und konnte wegen einer Krankheit dann nicht. Er zelebrierte sehr feierlich und hatte eine tolle Singstimme. Er verstand es, mit Leuten gut umzugehen, machte oft Hausbesuche und hörte sich die Nöte der Menschen an.

Künstlerisch veranlagt wie er war, entwarf er seine Messgewänder selber und schlug moderne Wege in der Liturgie ein. Die Scheunenkirche war die einzige, in der vor dem Konzil zum Volk hin zelebriert wurde. Beim Erbauer der Scheunenkirche war künstlerische Begabung gepaart mit handwerklichem Können. Bekleidet mit einem Arbeiterkittel, half er überall mit. Zum Beispiel säuberte er die Wände der Scheunenkirche vom Putz, damit – wie er sagte – der Stein wieder lebendig wird. Er hatte die Gabe, Leute zu begeistern und fand immer wieder eifrige Helfer. Es gab beim Bau auch keine Schranke zwischen evangelisch und katholisch, er animierte alle. Bei der künstlerischen Ausgestaltung der Kirche ging ihm oft auch mein Vater Vorbeck zur Hand. Gregor war aber genial im Entwerfen und Selbstanfertigen.

Einmalig ist sicher auch seine Idee des Altars und der Kerzenschaukeln. Gelder für den Bau und die Ausstattung mussten gefunden werden. Er verstand es meisterhaft, die wohlhabenden Firmenbesitzer anzusprechen und Gelder locker zu machen. Oft war er bis tief in die Nacht unterwegs, besuchte Leute und kam reich beschenkt zurück.

Der Theatermensch Gregor Schneid, der gesellige Gregor Schneid wohnte bis 1964 im Schlösschen, zusammen mit seiner Haushälterin. Wir hatten unglaublich viel Spaß, erlebten viele lustige Abende zusammen. Sogar tolle Faschingsfeste. Das Leben mit ihm war täglich neu aufregend.

Der an allem interessierte Gregor Schneid hat ganz tolle Briefe geschrieben. Ich hab alle seine Karten noch; seine Briefe habe ich dummerweise alle vernichtet. Köstlich; auf die Karten hat er auch teilweise noch gemalt. Immer hat er unterschrieben: Dein oder Euer Kuuuhrad, hat einen Kuhkopf gemalt und ein Rad daneben. Kurat hat er gemeint damit.

Er hat mit seiner Haushälterin ein sehr gutes Verhältnis gehabt. Aber wenn er auf Reisen ging, dann musste sie ihm packen. Dann war sie recht nervös und fragte: „Gregor, brauchst noch dies oder das?" Dann fing er an zu schreien: „Lass mich in Ruh!" Das hat man durchs ganze Haus gehört. Und es schallte. Dann lief er von dannen mit seinem Mantel und einer Aktentasche und manchmal gab's bei ihr Tränen. Sie war dann ganz verzweifelt. Meine Mutter musste sie dann trösten und sagte halt: „Komm. Das ist doch nicht so schlimm. Das vergeht doch wieder!" Dann aber kam bald die erste Postkarte. Die war an Fräulein Wally Wallenberger: „Liebe Wally" – sie waren ja verschwägert miteinander. Dann hat er sich immer mehr oder weniger entschuldigt, dass er so kratzbürstig war.

Und dann hat er eine Weile im Sommer oberhalb Kufstein als Einsiedler gelebt. Auf einer Postkarte von dort steht: „Für Birgitt ... Auf die Reise". Da bin ich wieder nach England ins Internat gefahren. Und „An alle tausend Grüße, besonders an Söhnle!" Das war die Katze.

Immer hat er Spaß gemacht. Er hat auch versucht, auf französisch zu schreiben. Er hatte ja auch so eine tolle Schrift. Da schreibt er einmal: „Immer brennt ein Licht, flackert und hilft dir suchen und finden!" Dazu muss ich erklären: Vor der Ikone hatte er immer ein Licht brennen lassen. Und da hab ich einmal gefragt: „Gregor, warum brennt da immer das Licht?" Und da sagte er: „Das ist für dich, damit du mal den richtigen Mann findest."

Wir waren alle per du mit ihm. Ja, ja, das war selbstverstänlich. Wie es bei anderen war, weiß ich nicht, aber bei uns im Haus waren wir alle per du. Auch mit der Wally.

Auf einer Karte hat er sich Bruder Bamflutius genannt. Da steht: „Es grüßt herzlich euer Bruder Bamflutius. Hab täglich hunderttausend müde Pilger mit Apfelsaft und geistlichem Trost versehen ... bye, bye."

Er hat anscheinend den Leuten Apfelsaft ausgeschenkt, die da hoch kamen. Da hat er ja den Kapuziener vertreten, der normalerweise da oben gelebt hat. Das hat ihm mächtig Spaß gemacht.

Er war doch eigentlich in St. Ottilien eingetreten als Benediktiner. Dann kam die Schwierigkeit mit dem Magen und den Augen und dann konnte er nicht in die Mission. Das hat man ihm gesagt, er war nicht missionstauglich, dann ist er weltlicher Priester geworden. Wie weit er damals bereits mit seinem Studium der Theologie war, weiß ich nicht. Auch nicht, ob er da erst in Eichstätt fertig studiert hat.

Er war kein Benediktiner. Er hat nur eine Weile in St. Ottilien gelebt, hatte aber noch keine ewige Profess abgelegt. Dass er mit einer Kutte ging oder auch begraben werden wollte, das war eigentlich Spielerei bei ihm.
Die Wally war todunglücklich, denn als er so krank war, hat er ihr noch irgendetwas aufgeschrieben, was sie aber nicht mehr entziffern konnte; wir konnten es auch nicht. Da hat sie gemeint, es hinge vielleicht mit seinem Begräbnis zusammen, dass er vielleicht noch irgendeinen besonderen Wunsch gehabt hatte.
Er wollte ja immer in der Hornsteingruft beigesetzt werden. Denn ihn hat er ja gepflegt und geflickt. Einmal hat er mich dahin gebracht, er konnte ja nicht Auto fahren. Ich denk, wir sind mit anderen Leuten gefahren. Er hat mich in die Gruft geführt und hat mir den Hornstein gezeigt und hat gesagt: „Weißt du, der war total zerrissen, und ich hab ihn wieder geflickt. Ich hab ihn wieder mit Sägespänen ausgefüllt und zusammengenäht. Hab ihn wieder ganz gemacht und gerichtet.“ Und deswegen sein Wunsch: In dieser Hornsteingruft wollte er beigesetzt werden. Das ging natürlich nicht.
In der Georgskirche in Ellingen hat er die Decke ausgebessert. Die Hand mit der Geißel ... Er hat mich also in die Pfarrkirche reingeführt, auf die Orgelempore hinauf, damit ichs besser sehen kann, und dann hat er gesagt: „Schau mal zur Decke hinauf. Das Gemälde, was da war, war auch beschädigt. Und ich selber habe die Faust mit der Geißel gemalt. Das ist mein Werk. Das müssten eigentlich die Ellinger wissen.“
Er muss sich sehr in Ellingen engagiert haben; er hat auch viel aus dieser Zeit erzählt. Er ist ja auch immer noch zum Haberkern hinüber. Er hatte immer noch regen Kontakt zu den Ellingern. Und das alles mit dem Fahrrad. Oder auch mit der Bahn. Und dann hatte er noch den Pater Frohwin Freyer. Der war Geistlicher in Bieswang, und der hatte ein kleines Auto. Den hat er manchmal angerufen und hat gesagt: „Du hör ... ich muss da und da hin.“ Und der hat ihn immer dorthin gefahren.
Einmal – da war mein Vater krank – und der Gregor hatte dadurch keinen Organisten. Da kam er zu mir: „Du spielst am Sonntag die Orgel.“ „Gregor das kann ich nicht, das geht nicht, unmöglich.“ „Das gibt es nicht. Du spielst die Orgel!“
Da musste ich in Suffersheim die Orgel spielen, in Dettenheim auch. Aber die in Suffersheim war größer noch. Ich hatte doch keine Ahnung. Er hat ja immer am Sonntag für die Suffersheimer die Messe gelesen, so alle 14 Tage. Und ich hatte furchtbar Angst, ich

dachte immer, Gott, wie klingt das unten. Aber er sagte: „Du musst das machen!“ Dann hab ich 14 Tage lang auch in Dettenheim immer wieder Orgel gespielt, so schlecht und recht. Dafür aber hat er mich belohnt. Da hat er gesagt: „Zur Belohnung darfst du nach Rothenburg ob der Tauber mit mir und dem Pater Frohwin fahren. Wir machen einen Ausflug, und ich zeig dir alle Riemenschneider-Altäre.“

Und dann sind wir einen Tag mit dem Pater Frohwin dorthin gefahren und haben die Altäre in Dettwang und Cregling angeguckt. Er hat nie Ruhe gegeben.

Er hat auch ganz wenig geschlafen. Er ist immer sehr spät ins Bett und sehr bald wieder aufgestanden. So um 5 Uhr. Er war manchmal so müde; wenn ein Gespräch uninteressant war, ist er eingenickt. Man hat gemerkt, er ist eigentlich übermüdet. Und einmal hat er erzählt, da ist er spät am Abend von Weißenburg nach Dettenheim gefahren und dann ist er wohl eingeschlafen auf dem Fahrrad und aufgewacht, weil er gegen die Friedhofsmauer gedonnert war. Er war einfach übermüdet. Das sind ja oft so Leute, die alles aus sich rausholen.

Als er wegging von Dettenheim, hatten wir schon noch Verbindung. Wir waren einmal in Markt Berolzheim, mein Mann und ich und mein kleiner Sohn Mathias. Und ich hab dann, wie ich schwanger war mit der Benni, bei einem Besuch von ihm in Dettenheim, ihn um den Muttersegen gebeten.

Das war das letztemal, wo ich ihn gesehen habe.

Bei meiner Trauung haben wir eine Zwischenlösung gefunden. Ursprünglich habe ich gesagt, er soll das tun. Und dann hab ich aber in München einen ganz tollen Dominikanerpater kennengelernt. Ich war in seiner Gruppe und wir waren auch sehr eng befreundet. So haben wir eine Zwischenlösung gefunden: Der Pater und Gregor haben zu zweit fungiert. Der Dominikanerpater hat in der Scheunenkirche die Trauung vorgenommen, und zusammen haben sie zelebriert. Mein damaliger Schwiegervater, der Propst Asmussen hat die Predigt gehalten. Das haben wir ganz schön so gerichtet.

Als der Gregor gestorben war, konnte ich nicht zu seiner Beerdigung. Wally Wallenberger kann man immer noch nicht auf seinen Tod ansprechen. Sie ringt dann nur um Haltung, um nicht weinen zu müssen. Diese beiden haben gut zusammengehalten. Sie hat ihn sicher unglaublich verehrt – geliebt – mit Abstand.

Er war für sie so etwas wie ein Gott. Sie hat extrem viel leisten müssen für ihn. Er hat schon sehr viel von ihr gefordert. Dann war

er zwischendurch auch wieder weg, aber das hielt sich in Grenzen. Aber sie war immer für ihn da.
Als er starb, hatte er keine Eltern mehr, aber einen Bruder, der ihm sehr ähnlich sieht. Bis vor wenigen Jahren hat die Familie am Sonntag nach seinem Todestag in Dettenheim eine Gedenkmesse lesen lassen, jahrzehntelang. Und danach sind sie nach Ellingen ans Grab und haben zusammen irgendwo zu Mittag gegessen.
Und dann war noch eine Schwester da von ihm. Die war mit dem Bruder von der Wally verheiratet. Die hat sie auch öfter in Dettenheim besucht. Eine Cousine hatte er auch in Amerika. Da hat er eine Reise zu ihr gemacht. An den Lake Erie. Davon kam er zurück und hat um sich gehauen mit amerikanischen Ausdrücken. Ganz witzig. Das muss für ihn ein großes Ereignis gewesen sein.
Hier in Dettenheim hatte er noch die alten Waab, die lebt nicht mehr, die war nicht mit ihm verwandt, aber so gut wie. Und die war köstlich. Sie war Flüchtling aus dem Sudetenland. Die ist einmalig gewesen, sooo fromm und kam immer zu ihm in die Kirche. Ganz brav.
Er hat mir mal eine Bild vom Nagelberg aus mit Sicht auf unser Haus gemalt, Herbststimmung, das hab ich noch hier hängen. Mein Bruder hat einige Wasserfarbenbilder von ihm.
Diese Bilder, seine Aktentasche, ein Messgewand von Dettenheim – das war von ihm in der Ausstellung in Ellingen.
Sie war klein aber fein und hat sehr an den Gregor Schneid erinnert. Die Resonanz darauf war gut.
Er war ein außerordentlicher Mensch. Er wusste mit den Menschen umzugehen! Er hat das so geschickt gemacht. Mit den einfachen Leuten war er kumpelhaft, hat ihnen auf die Schulter geklopft: „Gell Karl, des machst doch!?“ Und die Leute haben das sofort gemacht. Wir haben ihn alle sehr geliebt. Alle.

EIN VERTRAUTER war GREGOR SCHNEID.

Erna Lidl: Beeindruckende Erscheinung

(Über ihren Mann, den großartigen Zeichner Professor Josef Lidl, sagte Professor Puchner: „Er ist der größte Zeichner gewesen, den ich gekannt habe. Weißt, was am Lidl so besticht? Er ist so ehrfürchtig, er hat Ehrfurcht vor der Natur, er zeichnet so ehrfürchtig jeden Baum, jeden Strauch, alles so ehrfürchtig genau.“)

Schon sein äußeres Erscheinungsbild war beeindruckend. Hochgewachsen, dunkelblond, eine große Hornbrille. War er mit seinem Fahrrad unterwegs, wehte sein schwarzer Radmantel und blähte sich im Wind. Weder vorher noch nachher habe ich jemals einen Radmantel gesehen. Er trug auch immer hohe Stiefel. Immer habe ich an den Reiter im „Erlkönig" gedacht, weil ich eine diesbezügliche Zeichnung von Moritz von Schwind gesehen hatte. Diesen Radmantel hat er viel später dem Theo Schneider aus Dietfurt vererbt: „Wenn ich mal nicht mehr bin, diese Kutte gehört dir..." Und dieser Theo hat ihn dann auch getragen.
Schneid sprach immer mit ruhiger, volltönender und angenehmer Stimme. Und was er sagte, war immer interessant. In der Ellinger Pfarrkirche hat er sich mit dem Bombensplitter selbst ein Denkmal gesetzt. Er hat ja fleißig beim Wiederaufbau dieser Kirche mitgearbeitet, und als ihm dieser Bombensplitter in die Hände kam, hat er ihn nicht zum Abfall getan, sondern dem heiligen Michael auf dem Schalldeckel der Kanzel in die hoch erhobene Faust gegeben. Schneid hatte wirklich lange Zeit schwer in dieser Kirche gearbeitet.
Als er das Kaplanhaus in Ellingen bewohnte, sah ich einmal im Vorbeifahren, dass er aus dem Fenster ein golddurchwirktes Tuch ausgehängt hatte. Das erschien mir damals etwas Besonderes und taucht immer wieder in meinen Gedanken auf.
Mein Mann und ich waren einmal zum Gottesdienst in der Scheunenkirche in Dettenheim, die in allem seine Handschrift trägt. Bei Familie Vorbeck. Die Heimatvertriebenen, alle katholisch, waren treue und dankbare Kirchenbesucher dort.
Ich habe natürlich sehr oft mit ihm persönlich gesprochen, aber es ist so lange her. Er war immer tätig – und davon hat er erzählt. Er hatte keine Besonderheit in der Stimme – keinen Dialekt – aber immer etwas Angenehmes und eine klare Ausdrucksweise.
Als er zuletzt in Berolzheim war, lud er uns ein. Unsere Tochter Gerti war damals ungefähr 10 Jahre alt. Er zeigte uns seine ganz privaten Schätze einschließlich der Messgewänder.
Der Gerti schenkte er einen großen Bogen chinesischer Briefmarken, die er von seinem Freund, der in China als Missionar tätig war, geschenkt bekommen hatte. Ganz ohne Grund schenkte er ihn dem Kind, er wollte ihr einfach eine Freude machen. Ganz bestimmt war es ihm wichtiger, Freude zu bringen als etwas selbst zu besitzen.
So ging er auch den wenigen Spuren von Gunthildis nach und legte die Grundmauern der Kapelle frei. Sie wird für immer mit sei-

nem Namen verbunden bleiben. Schade, dass er nicht selbst die schöne Votiv-Kuh fand, die bei den jüngsten Grabungen gefunden wurde. Diese Kuh aus Ton war eine Votiv-Gabe. Die Kapelle zwischen Schambach und Suffersheim hat sich ja als kleiner Wallfahrtsort herausgestellt. Dorthin sind die Menschen damals aus Sorge um ihre Tiere wallfahren gegangen. Und da ist diese kleine Kuh gefunden worden.
Schneid hat also den Standort dieser kleinen Wallfahrtskirche festgestellt, sie war ja nicht so leicht zu erkennen von außen, aber das ist ihm gelungen, und da hat er Mauerreste erkannt, auch die Apsis. Dann ist Jahre lang nichts geschehen, gebaut ist nichts worden zu Schneids Zeit. Nur die Grundmauern wurden freigelegt.
Schneid hatte sehr enge Beziehungen zur Abtei Plankstetten. Plankstetten ist eine Benediktinerabtei. Der Abt in diesem Mönchskloster hat Bischofsrang. Schneid hat den Abt von Plankstetten hergeholt, wenn er ihn gebraucht hat zu Firmungen, zu kirchlichen Handlungen.
Über den Theologen, über den Seelsorger Schneid, weiß dieser Abt sicherlich viel zu erzählen.
Es gab zu dieser Zeit in Weißenburg einen anderen Kaplan: Kaplan Meyer. Auch er war sehr beliebt bei den Leuten, trug auch eine Hornbrille, war normal groß. Aber dann hat er eine Freundin bekommen. Einmal ist er zu uns gekommen und hat gesagt: „Es geht nicht mehr, ich muss jetzt was sagen, muss mich dazu bekennen, so gehts nimmer!“ Dann wollte er bei seinen Vorgesetzten erreichen, dass er wenigstens Religionsunterricht geben kann. Aber nein. Er ist dann fortgezogen nach München. Aber die Kirche hat so einen lange Arm, auch dort hat ers nicht geschafft. Aber unbegreiflich, es wär doch endlich mal ein Gewinn, einen studierten Religionslehrer zu bekommen, nicht nur immer diese Betschwestern. Wie Meyer sein Problem dann gemeistert hat, weiß ich nicht mehr.
Ja, aber die Frauen lassen ihnen ja auch keine Ruhe; die Frauen sind mindestens genauso dran schuld. Ein Benediktinermönch aus Niederaltteich vor 30 Jahren hat mir einmal meinen Koffer ins Zugabteil hereingetragen, aber er war in Zivil. Er hat erzählt, der Abt lege Wert darauf, dass sie in ihrer Freizeit alle in Zivil herumgehn, damit sie diesbezüglich ihre Ruhe haben.

EIN FORSCHER war GREGOR SCHNEID

DIE BEROLZHEIMER JAHRE 1962–1967

Pfarrer in einer neuen Kirche

Die katholische Kirche St. Hedwig in Markt Berolzheim wurde in den Jahren 1961/62 von Architekt Josef Elfinger aus Ingolstadt erbaut. Im September 1961 wurde der Grundstein gelegt und gesegnet, in den eine Metallkapsel mit Urkunden und Zeitdokumenten eingefügt wurde. Dabei assistierte Schneid schon dem Domkapitular Bernhard Mader. Und am 16.12.1962 wurde sie bereits vom damaligen Eichstätter Bischof Dr. Josef Schröffer feierlich eingeweiht.
Viele aus Schlesien Vertriebene waren nach dem Zweiten Weltkrieg nach Markt Berolzheim gekommen. Ihnen wollte man „eine religiöse Mitte" geben, ließ diese Kirche bauen und nannte sie nach der heiligen Hedwig, die wie sie aus Schlesien stammte.
Der etwa 25 Meter hohe fünfeckige Pyramidenkirchenraum empfängt das Tageslicht durch Glas-Mosaikfenster von allen fünf Seiten. Glanzpunkt ist das große Mosaikfenster hinter dem Altar und stellt symbolisch die Verbindung zwischen alter und neuer Heimat der Gemeindemitglieder dar.
Der Altar besteht aus massiven italienischen Serpentinblock. Der Tabernakel in der rechten Ecke des Altarraumes zeigt auf der Vorderseite das letzte Abendmahl in moderner Darstellung. Auf der linken Seite befindet sich der Marienaltar, dessen Marien-Ikone von Kurat Gregor Schneid angefertigt wurde.
An die Kirche angebaut ist ein kleiner Gemeindesaal sowie das Pfarrhaus.
So kann man in verschiedenen Schriften lesen, auch in der Broschüre, die die Kirchengemeinde zum 25. Jubiläum „Katholische Seelsorgerstelle Markt Berolzheim" herausgegeben hat.
Von Anfang an war der Dettenheimer Kurat Gregor Schneid dabei. Wie weit sein Einfluss reichte bei der Planung des Architekten, kann nur erahnt werden. Die Kirche mit dem über zwanzig Meter hohen Zeltdach bildet in ihrem Grundriss ein gleichseitiges Fünfeck. Die auf dem Boden vorgefertigten Teile für das Dach – fünf über 20 Meter hohe Dreiecke –, werden in Millimeterarbeit auf den Rohbau montiert, von einem Spezialkran einer Münchener Firma zuvor emporgehievt. Drei Stunden brauchten die Arbeiter in luftiger Höhe, bis ein Dreieck dann fest in seiner Verankerung

St. Hedwig in Markt Berolzheim

hing. Das muss die Architekturlaien von Markt Berolzheim und Umgebung fasziniert haben.

Im Februar 1962 konnte bereits das Richtfest begangen werden. „In Form und Anlage bindet sich die Kirche mit dem grauen Schieferdach, über dem das Kreuz leuchtet, gut in die Landschaft ein“, hieß es damals.In die Kugel unterhalb dieses Kreuzes wurden

von Kurat Schneid Münzen und Zeitdokumente eingefügt. Glanzpunkt der Kirche wird das große Glas-Mosaikfenster an der Stirnseite des Gotteshauses. Die künstlerische Idee zu diesem Fensterbild, das Kunstmaler Max Wendl aus Prien am Chiemsee fertigt, stammte vom Treuchtlinger Stadtpfarrer Fetsch und von Gregor Schneid.
Zum Altarbereich gehört auf der linken Seite der Marienaltar mit einer Ikone von Schneid.
Wie bei der Ikone in Dettenheim nahm er ein berühmtes Vorbild als Grundlage, die „Gottesmutter von Korsun". Sie ist benannt nach der Hafen- und Festungsstadt Cherson auf der Halbinsel Krim. Dort war sie auf dem Weg von Konstantinopel nach Russland einige Zeit aufbewahrt worden. Maria, die sich Erbarmende, schmiegt ihr Kind an sich, beschützt es gleichsam vor dem erahnten Leiden. Um dies deutlicher zu machen, gab Schneid dem Sohn statt der ursprünglichen Schriftrolle ein Kreuz in die Hand.
Für das Stehkreuz, ebenfalls im Altarbereich, holte er Steine aus frühchristlichen Heiligtümern in Rom. Diese Steine wurden in die Rückseite des Kreuzes als Mosaik eingefügt.
Durch den freistehenden Glockenturm, in dem deutlich sichtbar drei kleine – auf cis, e und a gestimmte – Glocken hängen, der mit einer Mauer nach beiden Seiten mit Kirche und Pfarrhaus einen geschlossenen Ring bildet, betritt der Kirchenbesucher den Kirchplatz, der mit verschiedenen Mustern und Bildern im Steinpflaster den Eintretenden zum Haupteingang der Kirche geleitet. Das Pflaster dieses Innenhofes legte mit anderen der „Hilfsarbeiter" Schneid. Unter seiner Regie entstanden die Ornamente und christlichen Symbole in künstlerischer Arbeit – nach seinen Entwürfen.
Robert Prosiegel, damals sein kleiner Ministrant von neun Jahren, erzählt, was in jenen Tagen amüsiert von Mund zu Mund ging: „Der Hof vor der neuen Kirche wurde gepflastert, und der Pfarrer Schneid hat dabei geholfen. Er hat mit der Schaufel gearbeitet. Und dabei ist ihm der Stiel abgebrochen. Kurzes Luftholen, dann hat er zum Arbeiter neben ihm gesagt: „Mensch, fluch du. Ich darf nicht!"
Am dritten Adventssonntag, dem 16. Dezember 1962, weiht Bischof Dr. Josef Schröffer die Hedwigskirche ein. Die äußere und die innere Weihe des Kirchenbaus geschieht nach festen Regeln. Besonders eindrucksvoll ist dabei die Weihe des Altars. Und während aller Weihehandlungen erklärt Kurat Gregor Schneid den Anwesenden die Bedeutung der einzelnen Handlungen.

Kurat Schneid wird mit diesem Tag Pfarrer Gregor Schneid auf der neu erstellten Pfarrstelle.
„Im Lauf seines Wirkens in der neuen Gemeinde schuf Pfarrer Schneid auch den Wandbehang, der den Chor der Hedwigskirche ziert und der zwischenzeitlich alljährlich zu Fronleichnam den Altar im Kirchhof schmückt", heißt es weiter in den Chroniken.

Unermüdlich geht Schneid in den nächsten Jahren alle Probleme an. Schneid wird vom „Zeitrafferphänomen" gepackt, ohne dass er es weiß. Arbeit über Arbeit häuft er auf, bis der Organismus unter der Last zusammenbricht. Das Zeitrafferphänomen, das die meisten Kurzlebigen vor sich hertreibt.

Ein Mann von großer Magie

Schneid ist ein Mann von großer Magie.
Er weiß Menschen zu begeistern, ganz besonders junge Menschen und noch mehr Kinder, Schüler, seine Ministranten. Die damals Kinder waren in Markt Berolzheim, erinnern sich heute noch an die Stunden, in denen sie in seinem Bann standen. In denen er mit ihnen zauberte. In denen er geheimnisvolle Kräfte beschwor oder schlitzäugig mit verblüffenden Tricks schwindelte. Er schluckt Schwerter, lässt Sachen verschwinden.
Weiße Magie ist Beschwörung guter Geister zu segensreichem Tun. Auf diesen Pfad will er die Jungen führen, damit sie ihn begleiten, mit ihm gehen. Er lässt sogar einen Freund kommen, einen Pater, und stellt ihn den Kindern als Zauberpater vor. Und dieser Pater lässt Kinder schweben. Staunen ohne Ende. Wer das kann, weiß, wer Gott ist. Weiß, was gut ist, weiß, wie man richtig lebt. Ganz einfach!
Wie bringt er sie zum Schweben? Die einmal durch des Paters wundersame Kräfte „Geschwebten", sie verraten es nicht. Bis heute niemandem! Der Zauber hält immer noch an.
Auch die Verehrung. Denn Schneid wird von den Kindern verehrt. Sie empfinden ihn wie einen Vater, einen großen Vater, bei dem man sich wohlfühlt. Der streng ist und schützt zugleich. Hinter dieser Mauer lebt man geborgen.
An Weihnachten schenkt er ihnen Bastelsätze, er macht Ausflüge mit ihnen zu der Zeit, in der die Natur besonders herrlich ist: „Der liebe Gott hat seine Welt schon schön gemacht!"

Er verbringt viele Abende am Lagerfeuer in ihrem Kreis.
Mit großem Gespür für eine Situation ist er ein echter Seelsorger. Charismatisch vermag er immer schon, Menschen zu begeistern, vermag gemeinsame Ideen mit ihnen zu haben und zu verwirklichen. Mit diesem Mann war zu rechnen.

Der Pfarrer in der Herrenrunde

Gespräch mit Frau Inge Berger, Tierarztwitwe, Treuchtlingen

Wir kamen 1962 nach Treuchtlingen und dort in eine nette Gruppe um den praktischen Arzt Dr. Mulert. Einmal in der Woche hatten die Herren „ihren“ Abend, die Damen waren für sich. Um Mitternacht gingen die Herren dann zu den Damen, das waren Dr. Mulert, Dr. Roser aus Pappenheim, Prof. Mangold, dann Dr. Zumach, damals Weißenburg, dann noch mein Mann, der Viechdoktor, und natürlich Kaplan Schneid. Das war ganz reizend und regelmäßig.
Schneid kam mit meinen Söhnen zusammen, der eine war bereits Lateinschüler. Schneid hat eine große Münzsammlung gehabt. Er ist zu uns gekommen und hat auf Grund der Münzköpfe – mit dem Ulli hat er in der Ecke gesessen– und hat ihn anhand der Münze examiniert, wer das wohl sein kann und wann und so weiter und so fort. Er hat sich so um die Kerle ein bißchen bemüht. Das war sehr lustig.
Es war einmal auch bei uns, da waren plötzlich die Herren verschwunden, das heißt, sie waren verdächtig still. Sie tuschelten und guckten so komisch, uns Frauen wollten sie ja nicht dabei haben. Wir haben aber gefragt: „Was war denn eigentlich los in eurer Ecke?“ Damals war die künstliche Besamung groß im Kommen. Und da sollte nun mein Mann Pfarrer Schneid und die Herren aufklären, worum es dabei überhaupt ginge. Na ja...
Die Herrengruppe fiel aber langsam wieder auseinander. Von seiner Amtstätigkeit weiß ich gar nichts, ich weiß nur, dass er ein lustiger, netter Herr war.

Den Tod spielt er selbst

Robert Prosiegel erzählt

Die Ministranten müssen seinen Anweisungen genau folgen. Sie müssen andächtig sein. Ihre Gebete kennen und verstehen. Er erklärt ihnen die lateinischen Texte genau. Ihre Handlungen als kleine Helfer des Priesters bei Messe und Andachthalten müssen sie willig und fromm gestalten.

Und wenn sie ihm zu oft ins Kino nebenan gehen, dann hält er die Andacht eben etwas länger am Sonntag Nachmittag, und „Winnetou" hat bereits begonnen. Die Bengel ärgern sich darüber, aber sie werden entschädigt. Sie spielen selbst Theater mit ihm. Selbst dürfen sie agieren. Natürlich spielen sie auch hier den „Jedermann". Und den Tod spielt auch hier er selbst.

Den Tod ... Der wird sich bald bei ihm melden. Aber noch weiß Gregor Schneid es nicht. Schafft, schafft unermüdlich.

EIN MENSCHENFREUND war GREGOR SCHNEID

Er hat ja noch so viel zu tun

Die Tragödie beginnt.

Nicht nur ein ganzes Dorf steht unter Schock. All die Orte, wo er einmal gewirkt hat ebenso. All die Menschen, denen er in dieser Zeit begegnet ist, seine Anverwandten, Wally Wallenberger. Sie können nicht glauben, dass er sterben muss. Auch er nicht.

Wer hat gesagt, dass niemand vor Vollendung seiner Aufgabe stirbt? Ernst Jünger?

Er hat ja noch soviel zu tun. Hat ja noch so viele Pläne und Ideen. Doch ... Dein Wille geschehe.

Wally Wallenberger erinnert sich:

Er war eigentlich nie krank. Es war in Berolzheim, die Lehrkräfte mussten doch alle Jahr zum Untersuchen, da musste er auch hin. Danach kommt ein Anruf, er müsst noch einmal zur Nachuntersuchung, zum Röntgen. Und da hat man festgestellt, dass er einen Rippenfellkrebs hat.

Er hat eigentlich gar nichts gemerkt. Nur wenn er gekommen ist – er ist doch so oft mit dem Rad gefahren –, da hat er so geschnauft. Da hab ich ihn oft so angeschaut und gesagt: „Ja was ist denn mit dir?" Dann hat er gesagt: „Ja mei, ich werd auch älter."

Er hat einfach keine Luft gekriegt, er hat immer gesagt: „Mir wird doch nichts fehlen, net dass ich an der Lunge was hab."
Dann hat er das Ergebnis kriegt. Gleich danach hat er solche Schmerzen bekommen, ganz unheimlich. Dann ist er nach Pappenheim zum Untersuchen. Dort war eine Lungenheilanstalt, er hätt ja auch woanders hingekonnt, aber wir haben halt gemeint, es ist dort am nächsten. Dort sind sie draufgekommen, dass mit dem Blut was nicht stimmt. Und nach ein paar Wochen ist er nach Würzburg gekommen.
Der Haberkern Hans hat ihn gefahren. Ich sollt ihn mit meinem VW hinfahren, dann hab ich gesagt, das kann ich net. Erstens schon die Aufregung, und dann, ich war noch nie vorher in Würzburg. Und damals hab ich noch nicht lang Auto gefahren.
In meiner Not hab ich den Haberkern Hans angerufen, und der hat gesagt: selbstverständlich.
Ich bin dann auch mit ihm in der Nacht wieder heim. Dann bin ich jeden Tag nach Würzburg gefahren, selber, und wieder heim. Mit meinem Auto. Früh war bei uns immer Kirch, da musst ich da sein. Dann bin ich drei Wochen lang jeden Tag gefahren. Und dann ist... Er war allein in einem Zimmer gelegen. Er war auf der Chirurgischen Abteilung der Universitätsklinik gelegen. Erst hat er net geglaubt, dass er sterben muss. Ich hab ihm Bücher bringen müssen.

Was liest er in jenen Tagen? Rilke? Der bereits mit 50 sterben musste und vorher schrieb: „Wenn wir uns mitten im Leben meinen, wagt er zu weinen, tief in uns – der Tod." Liest er wie Dostojewsky, der ebenfalls mit 56 Jahren sterben musste, im Buch Hiob? „Warum ist das Licht gegeben den Mühseligen?"
Abt Paulus Heinz von Plankstetten wusste, was Gregor in seinen letzten Tagen las. Bei seiner Traueransprache anläßlich der Beisetzung von Gregor Schneid am 24. April 1967 in Ellingen berichtete er: „Noch an seinem Todeslager ließ er sich einen Teil seiner Bibliothek bringen. Und am letzten Samstag hat er noch zu mir gesagt: „Paulus, schau dir das Buch an, das erste von links." Und es war das Evangelium in griechischer Sprache, in einem Schweinsledereinband.
Und dann sagte er: „Schau dir das dritte Buch von rechts an!" Es war die Regel des heiligen Benedikt. „Dann schau dir noch das fünfte Buch von rechts an!" Es waren die Dialoge des Papstes Gregor.
Tröstet er sich mit Goethe, der sogar seinen Glauben an ein Weiterleben nach dem Tode daraus ableitet, dass die höchste Allmacht

ihm eine neue Existenz dann nicht werde verwehren können, wenn seine Tatenenergien in diesem Leben nicht verbraucht worden seien?
Er glaubt an ein Leben danach. Erkennt er, dass gerade dieses Leiden zu seinem einmaligen, besonderen Leben unabdingbar dazu gehört?
Sich zur Ruhe legen können. Begrüßt er das womöglich?

Wally Wallenberger sagt über seinen Tod:
Und er hat gemeint, es wird mir doch nichts weiter fehlen?! Aber er hats dann schon gemerkt. Er hat abgenommen, war schwach, das war man bei ihm ja nie gewöhnt. In all diesen Jahren war er nie krank, also nichts Größeres, er war höchstens mal erkältet. Zum Schluss ist alles so gschwind gangen, ich kann das heut noch nicht begreifen, innerhalb von sechs, sieben Wochen. Ich war dabei, als er gestorben ist. Er war ganz ruhig, er ist ohne Kampf gestorben, er durfte einfach gehen. Beten war wichtig für ihn in diesen Tagen, das haben wir zusammen getan.
Pfarrer Ladenburger aus Treuchtlingen hat mich an dem Tag nicht mehr mit dem Auto fahren lassen. Da bin ich über Nacht in Würzburg oben geblieben, bin halt am Stuhl die ganze Nacht gesessen, und abgeholt hat mich wieder der Ladenburger.
Er hat mir geholfen, alles ein bißchen zu regeln. Ich weiß, wir sind in der Nacht heimgekommen und dann haben wir alles aufstellen müssen, weil ja der Samstag kommen ist, und die Zeit war kurz, um Anzeigen aufzugeben.
Da ist damals auch der Haberkern Hans gekommen und hat gesagt, er fahrt mich überall hin, wohin ich will. Also, dass ich selber net hab fahren müssen. Es war ein guter Zusammenhalt aller.
Sein Leben war in Ordnung, das kann man wohl sagen, es war ohne Fehler, er war gut zu den anderen Menschen. In Nächstenliebe verzehr ich mich, das hat er eingehalten.

Wally Wallenbergers Schmerz ist reduziert auf blanke Tatsachen. Sie erduldete dieses Geschick als Unbegreiflichkeit. Still, demütig. Aber mit echter Kraft.

Hans Haberkern: Dann ham wir gebetet

Ja, seine Krankheit: Er hat ja Religionsunterricht gegeben, und da mussten die Lehrer immer zur Röntgenuntersuchung, und dabei hams an Schattn festgestellt auf der Lunge. Und dann hams gsagt, er muss nach Pappenheim, da war ja dort die Lungenheilanstalt. Dort hams ihn auch behandelt. Er is am 20. April gestorben, er war 56 Jahr alt. Er hat auch das letzte Jahr deutlich abgebaut. Weil er scho krank war. Ich weiß, amol hab i zu ihm gsagt: „Nix, du fährst jetzt net Fahrrad." „Doch! Ich brauch mein Fahrrad."
Aber er hat mir net gfalln, da hab i sei Fahrrad in Mercedeskofferraum neipackt und habs hinten nausschauen lassen und hab ihn hamgfahrn. Des muss im November 1966 gwesen sein, denn ich hab am 9. November Geburtstag. Da ham wir uns so a weng unterhalten, und da war er auf Deutsch gsagt scho a weng dasi, da hat er scho was ghabt.
Na ja, und dann hat mi die Wally amol angrufen und hat gsagt, dass er jetzt in der Lungenheilanstalt in Pappenheim is, und da bin i nüber zu ihm. Da war er ziemlich deprimiert. Na also, hab i gsagt, horch amol, so kenn i di net. Ja, des werd scho wieder, des wird scho wieder, hat er gmeint. Dort war er so 14 Tag, und dann hat er an Termin in Würzburg kriegt zur Operation. Da wusste man schon, dass es Krebs is.
Ich hab ihn dann nach Würzburg gfahrn. Und zwar war es am Freitag vor Palmsonntag. Um 12 Uhr mussten wir in Würzburg sein, weil der Professor ihn da sehen wollt. Ja ... dann sind wir losgfahrn.
„Zuerst muss ich noch auf Dettenheim", hat er gsagt, in seine Kirch hat er neigwollt, er hat Abschied gnomma.
Das hat ihn schon ziemlich angestrengt. Ich hab ihn den Sitz zum Liegesitz zurückgestellt. Die Wally war ja mit dabei. Und sei ganz Zeich dazu. Dann hat er gsagt: „Alter, in meine Georgskirch muss ich auch noch nei!"
„Lieber Himmelvatter, i kann doch net fliegn. Wir solln um 12 in Würzburg sei", und es war scho zehn Uhr. Dann is er mir zum guten Glück eingeschlafen, dann bin i durch Ellingen gefahrn.
Aber wie mer dann in der Stadt den Berg nunter fahrn, is er aufgewacht. Er is richtig aufgfahrn.
„Du hast mi net..." Sag i: „Da siehst jetzt den Turm, Gregor. Wir müssen!" Da schimpft er: „Ja, ich muss noch die Münze holen vom Kaiser Hadrian!" Da hat er eine Münze in Würzburg bei einer

Münzhandlung bestellt ghabt, die wollt er no habn. Da sind wir hingfahrn. Na ja , dann wars 12.
„Des is wursch", hat er gsagt, „der wartet schon, der Professor". A Scheißerla hat der gwart! Die Münzen hat no 50 Mark kostet, die hab ich no zahlt, dann hat er sei Silbermünzen ghabt. Na ja ... dann wars endlich dreiviertel aans!
Bis mer uns dann durchgfragt ham bis zu dem Professor hin, war der scho nimmer da. Der kommt heute Abend, hats geheißen.
Na ja ... Der Gregor hat sei Bett ghabt. Plötzlich hat er gsagt: „Herrschaft, ich hab ja noch net amol an Radio da, wie soll ich denn da Palmsonntag und die Osternacht feiern?"
Da hab i gsagt: „Gregor, weißt was? I hab in mein Mercedes so an Steckradio mit Batterien, i lass dir des Radio da." „Das machst, Alter."
Wie i den Radio raustu, is der nimmer gangen. Jetzt ham wir noch nach Batterien gschaut. Auf jeden Fall sin wir dann, wie er sei Zimmer ghabt hat, um 4 Uhr hin. Dann hab i ihm das Radio geben, dann war er glücklich und hat sei Musik ghört. Wir ham uns dann verabschiedet, san losgfahrn, sin ham. Und am Dienstag in der Karwoche is er dann operiert worden. Die Wally hab ich angrufen: „Na, keine gute Nachricht."
„Ja, und hast du den Professor schon...?"
„Na, die sagn doch nichts."
„Ja, dann fahrn wir halt amol nüber."
Der Bürgermeister Grüll, der is dann auch amol gfahrn mit der Wally. Dann is die Wally drüben blieben, hat sich a Zimmer gnommen, dann is ihr Bruder, der die Schwester vom Gregor ghabt hat, sie warn ja verschwägert, der is auch amol naufgfahrn. Dann kam der Weiße Sonntag, und am Samstag vorher hat die Wally gsagt: „Es geht zu End."
Da hab i gsagt: „Da muss i nauf."
Ja, der Bürgermaster Grüll hat a gsagt, er möcht mit, und der Stadtpfarrer Sangl möcht a mit."
Na sin mer alle vier nomal naufgfahrn. Mein Lieber, da is er dringlegen. Er hat doch immer so ein strenges Gesicht ghabt. Jetzt wars no dazu abgmagert, und die Röarli hat er drinnghabt in der Nasn zum Schnaufn. Wissns so wie in die Film, in die Heimatfilm, wie a knorriger Bauer, wenns aufs End zugeht.
Na ja, dann ham wir gebetet, dann hat er gsagt: „Alter, Alter..." Er hat ja das Radio dort stehen gehabt. „Nimm ihn mit."
Dann sind wir gangen. (Haberkern kann kaum weiter sprechen).

Dann kam die Beerdigung. Wir ham ihn aufgebahrt in der Maxkirch. Von da aus hat man ihn dann reintragen und in der Mariahilf-Kapelln aufgebahrt, in seiner Kuttn, seiner Benediktinerkuttn. Mein Bruder hat ihn getragen, sin auch schon alle tot.
(Langes Schweigen)

Wally Wallenberger: Der Sarg war zwei Tage offen

Nach seinem Tod ist er mit dem Leichenwagen gebracht worden. In der Maxkirche ist er aufgebahrt worden, da war der Sarg noch nicht auf. Von dort ist er in der Kapelle hinter der Kirche aufgebahrt worden, in der Nähe von seinem Hornstein, da haben ihn die jungen Kolpingsbrüder hingetragen, da war der Sarg auf. Dann ist der Sarg zugemacht worden, und dann in der großen Kirche während des Gottesdienstes war er nicht mehr offen. Ich tät das nie mehr, einen Sarg aufmachen...
Ich denk, in der Kapelle war der Sarg zwei Tag offen, da hams auch Wache gehalten. Dann war Messe in der Kirche.
Da waren fast alle aus Plankstetten dabei, seine Benediktiner-Ordensbrüder, der Abt, das Fürstenhaus, von St. Ottilien war jemand da, und der ganze Ort. Sechs Kolpingsmänner haben den Sarg dann zum Friedhof getragen.
Es war so ein abwechslungsreiches Wetter, ein Aprilwetter, so wie er war. (Sie lacht, das einzige Mal).
Er wollt Ellingen oder Plankstetten, und ich hab dann Ellingen gewählt, und es war richtig so. Die Ellinger verehren ihn heute noch.

Abt Paulus bei der Beerdigung

Sein Herzenwunsch, Mönch und Missionar zu werden, ist niemals in Erfüllung gegangen. Einer seiner Mitbrüder, der mit ihm im Noviziat war, hat zu mir gesagt: Das war sicher eine Fehlentscheidung der Oberen. Aber ich möchte sagen: Das war sicher keine Fehlentscheidung, sondern deutlich und klar der Wille Gottes. Gott wollte ihn auf einem anderen, noch viel weiteren Arbeitsfeld haben als in Afrika in der Mission.

Ein Brief auf den ewigen Weg

Anonym von einem seiner vielen Freunde

Du, der Bahnwärtersbub aus Eitensheim, wolltest in die weite Ferne. Darum bist Du schon als junger Student bei den Benediktinermissionaren von St. Ottilien eingetreten, ein zweites Mal noch 1954, bereits 44 Jahre alt. Jedesmal zwang Dich ein Leiden, auf Kloster und Mission zu verzichten. Seit 1936 Weltpriester, bist Du dennoch immer ein echter Mönch geblieben. Du hast mit Vorliebe den Benediktinerhabit getragen und ihr längeres Brevier gebetet. Du bist als Pater Angelicus, als Oblate von St. Ottilien, Deiner ersten Liebe treu geblieben. Darum ist auch der Erzabt Suso Brechter von St. Ottilien von Deinem Weihekurs zu Deinem Begräbnis erschienen. Du hast Dich darüber gefreut, dass ein weiterer Freund, Abt Paulus von Plankstetten, mit seinen Mönchen und anderen guten Freunden Deinen Seelengottesdienst in der so feierlichen Form der Konzelebration dargebracht hat. Du hast Dich doch zu ihrem Konvent zählen dürfen, seit Du jeden zweiten Dienstag in ihrer Realschule Unterricht gegeben hast. Abt Paulus hat in seiner Traueransprache Dein Bild gezeichnet, wie es Deine Künstlerhand nicht treffender gekonnt hätte. Wir alle haben es bestätigt: Ja, so war er, unser Gregor!

Du hast Deine Talente genützt, der Geschichte und ihren Altertümern, der Kunst und dem Handwerk verbunden. Du bist zuhause gewesen beim Maler und Bildhauer, beim Goldschmied und Schlosser, im Paramentensaal und auf der Bühne mit dem unvergessenen Spiel von Meier Helmbrecht, zuletzt wieder mit dem „Jedermann“, wo Du vielleicht mit einer Vorahnung die Rolle des Todes übernommen hast.

Du bist als Künstler immer Priester und Seelsorger geblieben, auch im Mantel des Deutschherrenordens wie in der Kutte des Einsiedlers vom Thierberg.

Die meisten Deiner 31 Priesterjahre hast Du der Diaspora geschenkt, zuletzt den aus der Heimat Vertriebenen, die mit der Bezeichnung „Ehrenflüchtling“ nur Deine Opferbereitschaft rühmen wollten. Lange vor dem Konzil hast Du Dein Herz weit geöffnet für die getrennten Brüder. Wenn Du in Deiner Gunthildiskirche seit Jahren schon als erster Priester der Diözese zum Volk zugewendet zelebriert hast, Bischof und Generalvikar haben ein Auge zugedrückt, weil auch dies ein Zeichen Deiner brüderlichen Zuwendung zum Volk gewesen ist. Darum ist das Volk von Ellingen wie von Deinen früheren und letzten Wirkungsorten so überaus

zahlreich in der herrlichen, von Dir wieder aufgebauten Deutschordenskirche erschienen, wo Dich Deine Kolpingsbrüder aufgebahrt hatten, um Dir ein letztes Mal zu danken.
Bischof Joseph hat Dich in Deiner so schweren Krankheit getröstet und gebeten, Deine Passion, Dein Leiden fruchtbar zu machen auch im liturgischen Sinn Deiner letzten Wochen auf Erden: Dein Leiden begann mit der Fastenzeit und wurde bereits zur Todeskrankheit in der Karwoche. Der Gute-Hirten-Sonntag mahnte Dich, Dein Leben hinzugeben für so viele, die Dir anvertraut waren und nahe standen. Der letzte Sonntag vor Deinem Sterben erinnerte Dich an die kleine Weile dieser Erdenzeit und ließ Dich das Wort des Herrn nachsprechen :„Ich gehe zum Vater."

EIN MANN war GREGOR SCHNEID

In ihm spielte ein tiefes, mächtiges, gläubiges Leben.

KURZVITA GREGOR SCHNEID

Geboren am 14. Juni 1910 in Eitensheim als Sohn des Bahnhofsvorstehers

1930 Abitur in Dillingen.

Studium an der Universität München, bei den Benediktinern in der Erzabtei St. Ottilien am Ammersee und ab 1933 an der Phil.-Theol. Hochschule in Eichstätt.

29. Juni 1936 Priesterweihe in Eichstätt

16. Juli 1936 Kooperator (= Kaplan) in Arberg

1. Februar 1937 Kooperator in Nürnberg-Eibach

16. Juli 1938 Kooperator in Spalt (für Hagsbronn)

16. Juni 1945 Kooperator in Ellingen; Aufbau der St.-Georgs-Kirche; am 14. Dezember 1953 deren Wiedereinweihung

1. März 1954 Eintritt in die Erzabtei St. Ottilien

5. März 1954 Verabschiedung aus Ellingen

16. Februar 1955 Aushilfspriester in Gungolding

16. Dezember 1955 Kurat in Dettenheim

Mai 1956 Baubeginn der Scheunenkirche

Ausgrabung der Grundmauern der St.-Gunthildis-Kapelle aus den Anfängen der Christianisierung

23. Dezember 1956 Einweihung der Scheunenkirche

2. Juli 1961 25-jähriges Priesterjubiläum in Dettenheim

16. Dezember 1962 Kurat in Markt Berolzheim, Weihe der neuen St.-Hedwigs-Kirche

1. Januar 1964 bischöfliche Verleihung des Titels und Ranges eines Pfarrers

20. April 1967 Tod in der Uniklinik Würzburg

Leitwort des Deutschen Ordens
„Anderen dienend verzehre ich mich.“ Danach hat er gelebt.

Verlag Walter E. Keller
Treuchtlingen–Berlin